世界各国教育发展概览
主编　杨晓钟

西安外国语大学学术著作出版专项资助

波兰教育体系（2018年）

THE SYSTEM OF EDUCATION IN POLAND 2018

〔波兰〕埃娃·科兰奥夫斯卡　/主编
吕香芝　/译

陕西新华出版传媒集团
陕 西 人 民 出 版 社

图书在版编目（CIP）数据

波兰教育体系.2018年／（波）埃娃·科兰奥夫斯卡主编；吕香芝译.—西安：陕西人民出版社，2021.8
ISBN 978-7-224-13955-6

Ⅰ.①波… Ⅱ.①埃… ②吕… Ⅲ.①教育体系—研究—波兰—2018 Ⅳ.①G551.319

中国版本图书馆CIP数据核字(2021)第029327号

著作权合同登记号　图字：25-2021-012

策划编辑：管中洑
责任编辑：李　妍
封面设计：赵文君

波兰教育体系（2018年）

主　　编　［波兰］埃娃·科兰奥夫斯卡
译　　者　吕香芝
出版发行　陕西新华出版传媒集团　陕西人民出版社
（西安北大街147号　邮编：710003）
印　　刷　陕西东帆印务有限公司
开　　本　787毫米×1092毫米　1/16
印　　张　5.25
字　　数　85千字
版　　次　2021年8月第1版
印　　次　2021年8月第1次印刷
书　　号　ISBN 978-7-224-13955-6
定　　价　29.00元

目　录

第一章　立法及政策框架

一、关键立法

1997 年《波兰共和国宪法》规定，18 岁以前的教育是义务教育，并规定了与教育有关的若干基本权利和自由：

1. 每个人都有受教育的权利。

2. 公立学校和高等教育机构的教育是免费的。

3. 政府确保普遍和平等的受教育机会。为此，政府为学生提供财政和组织支持。

4. 公民和事业单位有权兴办学校和高等教育机构。

5. 父母可以自由地为他们的孩子选择公立学校以外的学校。

6. 高等教育机构的自主权根据议会有关法案规定的原则得到保障。

教育制度由议会法案和部长条例管理，尤其是要由负责普通教育、职业教育的国家教育部长和科学及高等教育部长通过。关于学校教育的主要法案，包括所有阶段，从学前教育到高等教育以及非高等教育，是由 1991 年《教育法案》、1982 年《教师宪章》以及最近实施的关于学校教育的法律和 2016 年关于学校教育法的补充解释组成。它们对关键方面制定了规范，包括学校教育体制的结构、管理和资助，与教育和课程组织有关的事项、招生、评估和认证，对大中小学生的支持，对外国公民的教育，立法和政策框架，教师资格要求，就业条件和晋升安排。教育部规章制度在这些方面做了详细的安排，特别是制定普通教育和职业教育的核心课程，制定公立学校时间表。

管理高等教育的关键法案是 2005 年修订的《高等教育法》。它规定了高等教育中的主要职责，授予高等院校自主权，规定权利和责任。对高等教育机构的设立、清算、监督、治理制度和内部结构做出总体安排，学位课程的类别，国际合作，教学人员的资格要求和就业条件，学生和博士生的权利和义务，以及对学生和博士生自治机构的财政支持等。博士和博士后学位和教授头衔根据 2003 年颁布的《学位和头衔法》以及艺术领域的学位和头衔颁发。其他主要法律规定与研究有关的具体事项。例如，科学和高等教育部长的章程规定了知识领域、科学领域和科学学科，其中《高等教育法》提供学位方案和有关要求，以及选定领域的国家学位方案标准，特别是受管制职业的国家标准。

关于成人教育，并没有一个单独的议会法案来管理。教育部规章涉及一些特定方面，例如非学校环境下的继续教育，对非学校环境下提供继续教育的机构的认可，以及提供继续教育的公共机构的章程大纲。

二、终身学习战略

2015 年成立的政府采取了负责任的发展计划和战略，将教育作为社会和区域发展的一个关键因素。

终身学习战略的目标是基于终身学习的观点，在 2013 年通过，以响应欧盟委员会的“欧洲 2020 战略”。终身学习战略的重点是通过教育改革和其他措施实现五个主要目标。

目　的	措　施
在各级教育中激发创造力和革新	学校和高等教育改革自 2009 年起实施：基于学习成果的课程进行个性化教学；强调学习的主动性和解决问题的能力。
整合国家资格制度	政府于 2015 年采用负责任的发展计划和战略，将教育确定为社会和区域发展的一个关键因素。
提高儿童早期教育和护理的参与率	自 2008 年以来，政府计划扩大早期幼儿教育和服务范围，提高服务的质量。
使教育和培训适应劳动力市场和社会需要	修订职业分类，重新规定每种职业的资格要求，以及职业考试做出相关变化；结构改革包括设立行业性职业学校；职业教育核心课程的现代化（更健全的组成部分，发展关键能力）；高等教育以实践为导向，以学术为导向相互促进要求；通过更广泛地利用非学校环境，提高继续教育的灵活性。
引入一种新的成人学习方法更加注重学习的社会参与性。	在职业考试和高等教育中引入正式和非正式的学习验证机制；2014 年设立国家培训基金，支持用人单位对职工继续教育进行投资；为参加成人教育者引进三边协定（劳工处、雇主和培训机构）。

三、正在进行的改革

在 2016—2017 学年，学校教育体制启动了一项重大改革，以加强普通教育作为大中小学生进一步个人发展的基础，并应对当今劳动力市场不断变化的需求。这项改革将于 2022—2023 学年完成。

学校教育改革的重点方面：

1. 6 岁儿童必须接受为期一年的学前教育计划。

2. 将改革前的六年制小学与三年制初中合并为八年制小学，逐步淘汰初中，普通中等学校和中专学校学制延长 1 年。

3. 分阶段取消三年制基础职业学校，开办为期三年第一阶段职业学校，以取得职业资格，以及开办第二阶段为期两年的职业学校，让学生提升学历，准备参加资质考试。

4. 设立新的全国普通高等职业教育核心课程。

5. 与业务伙伴合作，促进双重职业培训。

6. 通过设立职业教育发展基金，使雇主更多地参与，共同资助职业教育。

7. 为学生提供免费教科书。

科学和高等教育部已起草并向议会提交了一项关于高等教育的新法律。旨在提高高等教育质量，增强国际竞争力。《草案》特别提出扩大高等教育机构的自主权，将高等教育机构分为学术型和研究型，引入一种新的管理模式，增加资金投入；重新推行入学考试，扩大全日制课程的课时；设立一种培养博士生的新模式——即将以博士生为主体建立博士学校。2018 年 10 月 1 日起，新法律已获批准实施。

第二章　组织、管理和资金

一、组织

由负责家庭、劳工和社会政策的部长监督的0—3岁的儿童教育机构，不属于学校教育体制的一部分。教育体制包括学前教育机构、作为学校教育体系的一部分学校，以及相对独立的高等教育系统。

（一）义务教育

义务教育可分为：

1. 6岁儿童为期一年的义务学前教育。

2. 全日制义务教育：7至16岁儿童和青少年的全日制义务教育。正在进行的旧学校教育体制改革或即将建立的新体制——7—15年义务教育。

它从日历中的学年开始，孩子达到7岁持续到完成小学教育或旧学制中的初中阶段，但不能超过18岁。应家长要求，已完成一年学前教育或心理诊断有积极心态的儿童，可在6岁开始接受小学教育。

3. 非全日制义务教育（参与教育或培训的义务）：对16—18岁的青少年而言，学校教育体制正在改革，或在即将建立的新学校教育体制中涉及15—18岁。

它可以由正在改革的学校教育体制内的一所高中提供，或由将要建立的新体制内的一所中学提供，或由非学校环境中的机构提供。

（二）教育水平和机构类型

波兰教育体制包括学校教育体系（从学前教育到大专教育）和高等教育体系，每一种教育体系都以单独的立法为基础，没有单一或综合的成人教育系统。随着学校教育体制的改革，目前和新教育体系并存，直到2022—2023学年结束时，前者将被后者所取代。学校教育改革对高等教育体系没有影响。成人教育受到改革影响，因为为成人提供的学校教育正在进行重组，以适应新的学校教育体系。

（三）改革前和新教育体制下的教育水平

1. 幼儿教育及护理：幼儿园、儿童俱乐部和保姆照顾0—3岁的孩子。

2. 小学教育：为六七岁至13岁的学童开办六年制小学。

3. 初级中学教育：为13—16岁的学生提供3年的初中教育(从2017—2018年开始逐步淘汰)。

4. 高中教育：16—19岁或20岁学生。

① 3年制普通高中(由2019—2020年改为4年制)。

② 4年制高中技术学校(由2019—2020年改为5年制)。

③ 3年制基础职业学校(转型为第一阶段专科职业学校)(2017—2018年)。

大科教育。

1. 社会工作学院。

2. 高等教育：高等教育院校开设的学位课程；获得学士学位的第一周期课程3—4年或3.5—4年。

3. 成人教育：在小学、初中、高中和大专学校为成人提供的教育(将作为学校教育改革的一部分逐步取消或进行改革)。

(四)艺术及体育学校

与主流的普通学校平行，艺术教育构成了一个独立的系统，由负责文化和民族遗产的部长监督。艺术学校是专为有艺术特长的儿童和青少年而设，提供普通教育和艺术教育，或只提供各级别的艺术教育(ISCED 1-3)。艺术教育可在专门从事高等艺术教育的高等教育机构继续进行。对于擅长体育的儿童和青少年，有体育班、体育学校和体育冠军学校。

(五)综合资格体系

自2016年以来已建立综合资格体系(IQF)。它以波兰八级资格框架(PQF)为基础，参照欧洲资格框架(EQF)和综合资格名册，其中包括在波兰颁发的证书。波兰资格框架中的资格是根据学习成果(知识、技能和社会能力)来定义的。

综合资质系统将资格区分为全面、部分、受监管和市场四种。只有完成特定教育水平的学校教育系统，完成第一、第二、长期和第三周期课程的高等教育系统才授予全面资格。部分资格可以在学校教育和高等教育体系内设立，也可以在这些体系之外设立非正规的教育；取得部分资格证书的学习成果范围通常比取得全部资格证书的学习成果范围要小。除在学校教育和高等教育体系内授予的资格外，国家有关规定的资格，依照国家有关规定授予。市场资格不受国家立法的管制，而是作为经济活动自由的一部分授予。这些资格必须由负责某一特定行业或经济部门的部长登记。

主要资格与级别

改革前的教育体制	改革后的教育体系	PQF/EQF 级别 ISCED 级别
6 年制小学毕业证书		1 级/ISCED 1
3 年制初中毕业证书	8 年制小学毕业证书	2 级/ISCED 2
3 年制基础职业学校毕业后获得的职业资格证书	完成为期 3 年的第一阶段专科职业学校课程后所取得的确认职业资格的文凭	3 级/ISCED 3
4 年制技术高中或中专毕业后获得的职业资格证书	5 年制专科学历或第二阶段专科职业学校毕业后所取得的职业资格证明	4 级/ ISCED 3 和 4
通过普通高中或技术高中的熟练程度考试取得的证书	通过普通中等学校、专科学校或第二阶段专科职业学校的熟练程度考试后取得的证书	4 级/ISCED 3
社会工作学院毕业证书		5 级/ISCED 5
确认完成第一个周期课程的毕业证书（学士学位）		6 级/ISCED 6
确认完成第二周期或长周期课程的毕业证书（硕士学位）		7 级/ISCED 7
博士毕业证书（博士学位）		8 级/ISCED 8

（六）公立机构和私立机构

各级机构可以是公立机构，也可以是私立机构。小学和初中（改革后会逐步淘汰）只能作为公立学校或非公立学校办学，因为它们提供全日制义务教育，因此具有所谓的公立学校的地位。私立学校提供的教育如果基于国家核心课程和大纲时间表，提供职业教育，为职业培训纳入职业教育的职业分类，符合国家立法有关内部和外部的学生/学生评估和发展，符合公立学校雇佣教师的资格要求，可以授予其公立学校资格。

除少数机构外，私立机构是在 20 世纪 90 年代初根据国家立法开始设立的。现有学校 31556 所，其中公立学校 25518 所（占 81%），私立学校 6038 所（占 19%）。390 所高等院校中，公立院校 132 所（占 34%），私立院校 258 所（占 66%）。然而，公立高等院校总共招收了 77% 的学生。

提供幼儿教育和护理的事业单位和公立学校主要由中央和地方政府机构设立，私立机构由自然人或法人设立。私立学校和其他私立机构应在当地主管机关的名册上登记。

公立高等学校由国家设立，由主管机关或者公共行政机关代表。私立高等学校由自然人或法人设立，但由中央或地方政府机构管理的高等学校除外，并根据科学和高等教育部长签发的许可证进入私立高等学校的登记册登记。

在公立机构，教育或护理是免费的，尽管公立高等教育机构可能对一些教育服务收费。

二、教育管理

(一)学校教育

学校教育的管理由国家、区域、地方和机构共同承担。学校教育政策由中央制定，管理和行政权力下放。

教学管理		主要职责
国家层面	国家教育部长	1. 协调和实施国家的学校教育政策。 2. 为学前教育、基础教育及职业教育制定核心课程，为公立学校制定时间表，制定公立幼儿园及学校的入学安排、组织安排、学年安排，以及学生评价及提升安排。 3. 制定详细的教师资格要求和薪酬制度。 4. 建立和管理特定类型的公立学校(例如：外交使团学校、实验学校等)。 5. 为地方政府管理的学校提供政府资助。
区域层面	省级地方政府机关(最高地方政府机关)	1. 实施国家的学校教育政策。 2. 对幼儿园、学校和其他教育机构实施教学监督，包括作为外部质量保证的评估。
	区域教育主管部门部长	管理公立学校以及在区域或超区域范围内办学的教育机构。
地方层面	区级地方政府机关(中级地方政府机关)	建立和管理公共专项小学和初中(改革后会逐步取消)，以及初中以上的学校。
	城镇一级的地方政府机构(区域内学校除外)	开办和管理公立幼儿园、特殊幼儿园、小学、特殊学校、艺术学校和其他机构(如监狱、青年拘留中心等，无教学监督责任)。
学校层面	校长(幼儿园或附属机构)	1. 管理幼儿园、学校、其他机构。 2. 为学生发展提供条件，包括心理和教育支持。 3. 实施教学监督，包括作为内部质量保证的部分评估。
	教学委员会(所有教师)	1. 批准幼儿园、学校、其他机构的活动计划。 2. 就学生评估、升学成绩以及将学生除名做出决定。 3. 就工作安排、财政计划草案、教师任务和班级分配提出意见。

续表

教学管理		主要职责
学校层面	幼儿园 学校委员会/机构委员会（教师、父母、学生代表，除幼儿园、小学和一些特殊学校外）	1. 通过机关法规。 2. 对活动计划和财务计划提出意见。 3. 提出教育创新建议。 4. 向部门主管提出关于幼儿园/学校/机构活动以及对活动的创造性进行评估的建议。
	家长委员会 （所有学生的父母）	1. 与教学委员会协商，通过教育、护理和问题预防方案。 2. 就改善幼儿园、学校、机构而制订的财政计划和行动方案提出意见。
	学生自治 （所有学生的代表）	就一切事宜，特别是与行使学生权利有关的事宜，提出建议及发表意见。

（二）高等教育

高等教育的管理涉及科学和高等教育部长以及国家级的若干机构以及学校层面的个人主管机构和集体机构。

教学管理		主要职责
国家层面	科学和高等教育部长	1. 制定国家高等教育和研究政策。 2. 监督高等教育院校（Higher Education Institutions 简写 HEls）在遵守法律方面的活动，包括财务条例、HEl 法规和私立 HEls 的设立许可。 3. 签发及撤回设立私立 HEIs 的许可证。 4. 为私立高等教育机构的开办签发及撤销许可证，为高等教育机构提供第一期、第二期及长期课程的授权书，包括： a. 知识领域、科学领域和科学学科，HEls 可提供学位课程； b. 要求 HEls 提供完成第一期、第二期及长期课程后颁发学位证书； c. 若干领域方案国家标准，包括受管制职业的国家标准； d. 外部质量保证的安排。
	科学和高等教育总理事会	1. 为国家高等教育事业研究政策。 2. 就高等教育和研究的有关问题提出意见和建议。 3. 就高等教育和研究的立法草案、国家预算、拨款和经费安排提出意见。
	波兰认证委员会	对高等教育和研究的立法草案进行外部评估，定期进行方案评审，提出意见。

续表

教学管理		主要职责
国家层面	波兰学术学校校长会议和专业的高等教育学校校长会议	1. 代表高等教育主管部门参与高等教育和研究有关的事务。 2. 为国家高等教育和研究政策做出贡献。 3. 就促进高等教育质量的立法草案、国家预算和拨款、高等教育经费安排和科研工作提出意见。 4. 提高高等教育质量。
	学位及职称委员会	1. 确保科学界按照授予博士和博士后学位所需的最高研究标准和谐发展。 2. 博士和博士后学位授予权。 3. 定期评估各学术单位是否符合授予博士和博士后学位的必要条件，包括学位授予程序的执行情况和有关学位授予决议的内容。
	波兰共和国学生议会和博士生国家代表	代表学生或者博士生就有关的法律草案发表意见。
高等教育机构层面	校长	1. 管理 HELs，包括对商业事务做出决策。 2. 制定和实施机构发展战略。 3. 监督教学和研究活动，监督内部质量保证的实施和改进系统。
	参议院	1. 通过 HELs 的章程及其机构发展战略，并批准其活动和财务计划，通过与项目有关的一般内部规章(例如招生、学习规章等)。 2. 评估高等教育资助委员会和校长的表现。
	院长/基础组织学院主管	根据院校发展策略(《高等教育管理条例》所订立的详细权利和责任)，制定和推行学院发展策略。
	学院委员会/基本组织单位委员会	1. 设置学院活动主导思路。 2. 采用学位课程及非学位研究生课程。

三、教育经费

教育经费主要来自公共资源。公共资金约占学校教育经费的92%，高等教育经费的81%。公共资金的主要来源包括一般和有针对性的国家预算补贴或赠款、地方政府机构本身的资源和其他公共资金(例如，支持特定职业群体培训的中央政府机构的劳工基金和预算)以及欧洲联盟(欧盟)资金。

公共资金不仅提供给公共机构，而且提供给符合国家立法规定要求的私立机构。

(一)学校教育资金

学校教育经费主要来自国家整体预算的学校教育补助和有针对性的国家预算

补助(如学校课本和学习资料的补贴)，这些补助每年在有关地方政府机构之间进行分配。公立和私立幼儿园以及学校都可以获得这两种补贴。政府也有侧重特定领域的多年度项目(例如，2017—2019 年促进小学生或学生和教师基础设施和 ICT 技能发展的黑板项目)。据统计，2016 年学校教育的公共开支，占当年国内生产占值的 3.7%。

1. 费用

公立幼儿园和学校的教育或护理是免费的，但也需要一些财政捐助。所有公立学校的学生家长都要支付伙食费以及住宿费。

5 岁以下的儿童在公立幼儿园学习超过 5 个小时，家长通常还要支付额外的时间课程费用。同样，公立学校的膳食也是收费的，家长向校董会自愿捐款，用于学校组织的活动。私立幼儿园及学校收取全部或部分教育及护理费用(除非有关地方政府机构给予全数或部分资助)及其他服务。

2. 财政支持

家庭会获得各种形式的支持，包括家庭和其他现金补贴、家庭税收优惠、儿童福利和实物福利，比如免费送孩子到幼儿园或学校，补助超过国家立法规定的教科书和其他学习资料，为学生提供餐饮津贴。有关地方政府机关可以免除幼儿园 5 小时以上课程的费用，或者对经济困难的学生免除食宿费用。另外，向有特殊教育需要的学生或学生家属提供额外津贴、福利和服务。

作为“维持型资助”的一部分，处境困难的学生可获得学校补助金或津贴，以支付与教育有关的费用。由学校校长、总理或负责学校教育和文化的部长颁发的以成绩为标准的奖学金，提供给成绩优异或极具天赋的学生。

(二)高等教育资金

这类补贴是由国家预算部门授予科学和高等教育部长管理。公立高等教育机构每年为其法定活动获得基本补贴，包括对学生和博士生的财政支持，以及有针对性的补贴(例始基础设施的发展以及针对残疾学生的设施)。私立高校对在校学生和博士生给予资助，对保障残疾学生给予资助，也可以给予优等生资助。与学校教育一样，政府也有针对性地向公立和私立机构同时开放多年度的项目(例如，“2015—2018 年度第三期计划”，支持非大学 HEIs 学生实习，以及“2016—2020 年度国际认证计划”，以促进 HEIs 的国际认证)。其中高等教育公共支出占 GDP 的 1.2%。

1. 费用

公立高等学校的全日制第一、第二、长周期或第三周期课程不收取学费。公立大学对如下的情况收取费用：所有级别的非全日制课程，以外语授课的学位课程，课程表以外的课程，因不及格而重修的全日制课程，以及对学习成果的确认。住宿舍和伙食都是收费的。私立大学收取学费，但接受国家预算补贴的全日制第三周期课程和其他收费服务除外。

2. 财政支持

与学校教育一样，接受高等教育学生的家庭可以获得家庭补贴和家庭税收减免，学生还可以享受公共交通费用的打折。公立高等教育机构可免除学业成绩优异、参与国际奖学金计划及经济困难的学生及博士生的学费，在私立高等教育机构的章程中如有规定，也可提供类似的福利。

公立和私立高等学校的学生和博士生均可获得现金资助，包括不需偿还的助学金和学生贷款及学分。资助包括发放给经济困难的学生的助学金，帮助残疾学生的助学金，设立部长和大学校长奖学金，设立博士奖学金，以及设立一笔钻石奖学金发放给那些在长周期课程中表现优异的第一届毕业生和学生。在25岁以前开始在任何类型的高等教育学习的第一、第二、长周期和第三周期的学生都可以获得贷款和学分，优先考虑低收入家庭的学生。贷款和信用由商业银行提供，由国家预算支付利息。

（三）成人教育

1. 资金

成人教育没有全面或单一的资助制度。成人教育在学校环境中是由国家预算的学校教育进行补贴。在非学校环境中提供的资助来自相同的国家预算补贴，劳动基金（包括国家培训基金）、欧盟等国际基金、中央政府机构拨给特定职业群体培训的预算（例如政府官员、医生、教师）和私人基金。

2. 费用

公立成人学校的教育是免费的，学习者可以通过向学生自治机构自愿捐款，支持学校的法定活动。作为人力资源发展的一部分培训和一些由欧盟资助的培训课程也是免费提供的。公共服务提供者可以对非学校设置的继续教育课程收取费用，除非学习者是为了完成部分全日制义务教育而学习这些课程。

学员通常要为私立学校和非学校环境的教育以及公立和私立学校的非学位研究生课程支付学费。

3. 财政支持

对成人学习者没有单一的财政支持制度。低收入学习者可获得全额或部分学费减免。公立学校的成人学习者和具有公立学校地位的成人私立学校的学习者可以像儿童和年轻人在学校教育中一样获得同样形式的资助(见上文)。但是，只有在他们完成教育或达到24岁时才能得到这种资助。私立成人学校的学生在完成部分全日制义务教育前，可以享受维护性资助。求职者和失业者可以向劳工办公室申请补助金，以支付高等教育的培训或学习费用，并向劳工基金申请补助金，进行中专、有学位或者无学位的高等教育研究生项目、培训课程，或安置一个实际的工作。雇员如果应雇主要求在学校修读课程，可获得雇主提供现金及实物资助。

第三章　幼儿教育

一、组织

幼儿教育和护理分为两个阶段：

1. 在托儿机构（包括幼儿园和儿童俱乐部），以及在其他场所由保育员和保姆为0—3岁的儿童提供照顾。

2. 为3—6岁的儿童在幼儿园、小学的学前班和包括学前教育单位和中心在内的其他学前环境中提供教育。

幼儿园是主要的育儿场所。保育员是社区、法人或者其他机构根据服务合同聘任的自然人。保姆是父母根据合同雇用的。托儿所、保育员和保姆为至少20周至3岁的儿童提供照料，为1岁及以上儿童提供儿童俱乐部。如果儿童不能参加学前教育的，可以在满3岁或4岁的学年结束前接受学前教育（具体原因由父母在声明中说明）。

学前教育被认为是学校教育的第一层次。3—5岁的儿童有参加学前教育的权利，并在自愿的基础上接受学前教育。自2015—2016学年起，所有3—5岁儿童均可入学，自2017—2018年起，所有3岁儿童均可入学。

6岁儿童可以在幼儿园、学前班或者其他学前班完成一年义务学前教育，也可以开始接受小学教育，家长可自行选择，但儿童必须在入学前一年完成一年的学前预备教育，或持有辅导中心颁发的预备入学证书，才可在6岁时入学。

学前教育目标是在国家核心课程中确定的。包括在后续的教育阶段，为日常生活和学习发展儿童的才能和智力；帮助他们建立一套价值体系；发展他们的情感抗压力和社交技能；照顾他们的健康，促进他们的身心发展；建立对世界的认识；将他们引入审美价值的世界；培养爱国主义意识和对社区的归属感；通过培养好奇心、主动性和独立性，以及在学校教育中所需要的知识和技能，确保儿童获得更好的教育机会。

2016—2017年，3—5岁儿童学前教育的参与率为81.1%，3岁儿童学前教育参与率为 67.1%，5 岁儿童学前教育参与率为 90.7%。城市地区（88.0%）儿童就读学前教育机构的比例远远高于农村地区（71.6%）（根据儿童居住地收集的数据）。绝大多数（近 100%）6 岁儿童参加了为期一年的义务学前教育计划（而不是直接开始接受小学教育）。

二、入学

除了年龄以外，并未有任何入学规定的条件或标准。父母应该提供一些基本情况，包括孩子健康状况、饮食、心理和身体发育的细节。入学条件由各学校和机构自行决定。儿童应年满 3 岁，但 2.5 岁儿童可经幼儿园园长同意入学，3—6 岁居住在某一社区内的儿童优先入园。如申请入学的儿童数目超过可供就读的名额，幼儿园可申请国家立法制定的额外准则（例如困难的家庭状况或健康问题），以及社区制定的额外准则（例如家庭或当地社区的具体需要，或家庭收入）。

私立幼儿园有自己的招生标准。一个城镇如果不能为所有需要或按规定接受学前教育的孩子提供充足的地方，那么它会向私立幼儿园提供补贴。这些幼儿园是在竞争的基础上挑选出来的，必须遵守为公立幼儿园制定的规则。

三、分班学习

幼儿园或儿童俱乐部中一名保育员监护的儿童最多为 8 名（或 5 名，其中包括残疾儿童、需要特殊照顾的儿童或 1 岁以下儿童）。

幼儿园的孩子通常按年龄分班。大多数幼儿园分为四个年级（3 岁、4 岁、5 岁和 6 岁）。当考虑到其他标准时，如主流幼儿园的儿童需要、兴趣和能力，特殊幼儿园的残疾程度和类型，可以建立混合年龄组。由于儿童数量较少，农村地区的幼儿园通常有混合的年龄组，只有两个班（6 岁和其他孩子）或一个班。

幼儿园每班人数不得超过 25 人，特殊幼儿园和特殊学前班为 20 人。学前教育单位及中心的活动为 3 至 25 名儿童而设。

通常由两名轮班教师管理一个班（例如一个人工作到 12 点，另一个从 12 点开始）。他们应该与孩子一起，或者在幼儿园里跟随孩子 4 年。综合幼儿园和开设综合班的主流幼儿园还雇用了为特殊需要儿童接受过培训的教师和康复专家。

四、时间安排

幼儿园和儿童俱乐部的工作时间由内部规定。托儿所每天为孩子提供最多 10 小时的照顾，儿童俱乐部每天提供最多 5 小时的照顾。安排的活动适合儿童的个人需要和心理以及运动能力。保育员的工作时间由保育员与用人单位签订的合同约定。

以国家学前教育核心课程为基础，幼儿园和其他学前机构设置遵循一天的节奏，设置游戏、学习和休闲活动，确保儿童健康成长。幼儿园园长根据幼儿的需要和兴趣，制定总的班级或活动时间表，并在此基础上，指导班级或小组的教师制定详细的时间表。

幼儿园及小学学前班	①全年开放，课间休息除外，每天至少 5 小时。 ②大多数人每天工作 9 小时左右。
学前教育中心	全年开放，除课间休息外每天最少 3 小时及每周 12 小时的体育课（实际时长视儿童数量而定）。
学前教育单位	除课间休息外，在一些工作日开放，每天最少 3 小时，每周 12 小时（实际时长视所登记儿童数量而定）。

五、课程

幼儿园和儿童俱乐部不用遵循任何特定的核心课程。国家立法只建议活动作为照顾和教育目的，并应满足儿童及其年龄段的身心发展水平。保育员根据儿童年龄、个人发展需要和能力选择教育内容。

所有提供学前教育的机构都必须遵循以国家核心课程为基础的课程设置。一门课程由一所或多所幼儿园的园长批准，或者由幼儿园或小学校长批准，幼儿园或小学的校长雇用授课教师。

教育主要以游戏活动为基础，旨在为儿童的个性发展创造充分的条件，为他们接受学校教育做准备。教师使儿童能够从事各种形式的活动，以便发展自力更生的能力，并在符合他们需要和能力的条件下，在群体中培养合作与共存的能力。儿童参加旨在提高他们口语、视觉和听觉技能的游戏，激发他们的阅读兴趣。

5 岁儿童从 2015—2016 学年起，所有学前教育儿童以 2016—2017 年起，都开设了必修并和免费的外语课程。

六、评估

幼儿园和儿童俱乐部没有针对儿童的评估。然而，工作人员应定期向家长通报儿童的成绩、问题和与健康有关的任何令人担忧的症状。

学前教育机构的教师应当对个别幼儿进行长期观察，并对其成绩进行记录。这是为了帮助他们评估儿童的需要，相应地调整教学和学习方法，并与咨询和指导中心以及家长合作，支持儿童的发展。如果老师确定出现了任何与教育或行为相关的问题，公立幼儿园都应该为相关儿童提供心理和教育支持。所有有个人发展和教育需要的儿童以及他们的父母都有权得到这种支持。

教师还需要评估6岁儿童（或应其父母要求5岁儿童）的入学准备情况，并向其父母提供一份报告。除了向家长提供有关子女入学准备情况的资料外，评估亦可协助教师制订个别计划，以支持儿童的发展，并在有需要时，由辅导及辅导中心的专家进行更深入的评估。

根据家长要求，小学义务教育可以推迟一年。这一决定由一所小学的校长在与咨询和指导中心协商后做出。在这种情况下，儿童继续接受学前教育。

第四章　小学教育

一、组织

小学教育是义务教育的一部分。正在进行的学校教育制度改革将小学教育延长了两年，为7—15岁的儿童和青年设立了8年制小学。2016—2017学年完成原6年制小学6年级的学生，在2017—2018学年转入新小学六年级。新小学包括两级正规教育和初中教育（所谓的单一结构教育）。

（一）小学教育分为两个阶段和三个不同的课程教育

国际标准教育分类法（ISCED）一级：小学教育。

第一阶段，一至四年级：综合早期学校教育（一至三年级）及学科导论教育（四年级）。

第二阶段，五至八年级：学科教育。

小学教育（2016—2017年）

14 308所学校	794所特殊学校；12 267所公立学校；1 247所私立学校。
2 296 516名学生	24 298名学生在特殊学校上学。

国家核心课程规定了小学教育的主要目标，以及学生在这一教育阶段结束前应掌握的关键技能。

（二）小学基础教育的目的

1. 向学生介绍价值观（慷慨、协作、团结、利他主义、爱国主义和尊重传统），确定行为模式，建立社会关系，以支持学生的发展；

2. 加强学生的个性、文化、民族、地域和民族认同感；

3. 培养学生的人格尊严意识，尊重他人；

4. 培养创新、创业等能力和企业家精神；

5. 培养批判性和逻辑性思维，以及推理、论证和推理技能，体现了知识作为技能发展基础的价值；

6. 鼓励学生的求知欲和学习动机；

7. 为学生提供大量的知识和技能，使他们以更成熟和有条理的方式理解世界；支持学生确定自己的能力和未来的学习道路；

8. 扩大学生的知识，鼓励和满足他们的求知欲，以确保学生个人全面的发展；培养他们对世界和他人的开放态度、社会生活中的活动和对社区的责任感；

9. 鼓励学生以培养自己工作能力为基础，进行有组织有目的的自我教育；

10. 引导学生树立正确的价值观。

（三）在小学基础教育中需要培养的关键技能

1. 用波兰语和外语进行有效沟通；

2. 在日常生活中有效运用数学工具，并进行数学思考；

3. 从各种来源搜索、整理、分析和使用信息；

4. 创造性地解决不同领域的问题，同时目标明确地使用基于信息和通信技术的方法和工具，包括编程；

5. 解决问题，也可以使用中介技术；

6. 团队合作和社会参与；

7. 积极参与学校、社区和国家的文化活动。

小学只能作为公立学校或具有公立学校地位的非公立学校办学，非公立小学从开办之日起获得公立学校身份。

二、入学

小学教育对所有 7 岁以下儿童实行义务教育（从 2016—2017 学年开始，入学年龄从 6 岁提高到 7 岁）。如家长愿意，6 岁儿童若已完成一年的学前预备教育，或持有辅导中心颁发的学校预备证书，便可进入小学就读。

在有正当理由的情况下，进入小学的时间可以推迟一年（只有在特殊情况下，因为学生身患残疾，才会有更长的推迟入学时间）；该决定由一所学校的校长与辅导中心协商后做出。

社区被划分为几个管辖区域，甚至提供进入学校的通道。小学被要求接收住在管辖区域的儿童。在有条件的情况下，学校还可以根据家长的要求，额外接收住在指定管辖区域以外的儿童。小学免费入学标准由有关地方政府机构规定。

三、分班学习

小学生按年龄分为一至八年级。每个班由一名班主任负责。教师通常在特定的教育阶段(一至三年级的早期学校教育和四至八年级的学科基础教育)都担任这样的职责。

国家立法没有规定每个班级学生的最少或最多人数。但也有一些例外，例如小学一至三年级每班最多25人，公立学校和混合学校的混合班(残疾学生和无残疾学生)每班最多20人，包括最多5名残疾学生。

为了学校或班级活动，学生被分为小组。在小学四至八年级，这是强制性的，拥有24名以上的学生班级必修信息技术和外语课程；如人数不超过普通义务教育班级的一半，其课程设计必须包含不超过30个人一个班的实践部分(包括实验工作)；以及体育课，具体细节由各学校决定。小学可以在七年级和八年级提供特殊的双语课程。

四、时间安排

根据国家立法，一个学年从每年9月1日开始，至下一年的8月31日结束。课程从9月的第一个工作日开始，直到6月20日之后的第一个星期五结束。每学年分为两个学期，每学期之间有一个寒假和暑假。寒假为期两周，日期定在1月中旬到2月底之间，各省时间有所不同。暑假从最后一天上课后的星期六开始，到8月31日结束。

小学生通常一周上学5天(从周一到周五)。根据学校的工作条件，每周五到周六可以上课。班级与教室的比率大于2时，学校可在整个学年每周上课5天或6天，或实行轮班制(例如，一周上课5天，下一周上课6天)。由各个学校自己做决定。

实行一轮班制的学校，高年级通常从早上8点开始上课，下午2—3点左右结束，如果学校实行两到三班制，上课时间会更长。每天上课的时间也取决于学校的大小、教室的数量和其他课外活动的设施。每节课45分钟，一至三年级除外，课时由老师决定。休息时间通常为5到25分钟。

具体的每周时间表由各学校根据国家大纲时间表制定。

五、课程

小学教育的总体框架由全国基础教育核心课程和纲要时间表确定。核心课程规定了课程内容、目标以及学生在小学教育结束前应具有的知识、技能和能力。大纲时间表指定了每个年级的课程和科目，特别是基础教育必修课程，每周最少需要分配多少个小时。各学校采用的课程应以核心课程为基础。

新8年制小学的核心课程和大纲时间表已经确立。并且已于2017—2018学年在小学一年级、四年级和七年级推行，之后的几年将在其他年级推行。

小学第一阶段即一至三年级，是为确保学前教育顺利过渡至学校教育而设，并在综合基础上进行组织。课程按照教师制定的时间表进行教授，上课时间和休息时间取决于学生活动，学生在第二阶段即四至八年级的教育以科目为基础。

简明时间表

(一)第一阶段：一至三年级

1. 一体化义务教育：波兰语、数学、社会学、自然科学、艺术、科技、信息与通信技术、音乐、现代外语及体育。

2. 教学时间由授课教师按照各班级类型进行分配。

3. 每周安排三小时体育课作为必修课。

4. 其他课程或活动：以下课程的学时有特殊规定，宗教或伦理；民族、少数民族语言或区域语言，以及民族、少数民族或区域的历史与文化；少数民族认同的地理国家；体育活动；作为教育支持的一部分心理学课程。

5. 残疾学生康复班和活动：特殊班每周十二学时；主流与混合班，每名学生一周两学时。

6. 由校长决定的学时：学时按年分配，以发展学生的兴趣和才能，特别是主观能动性和创造力。

小学一至三年级简明时间表：每周最少学时(自2017—2018学年起实施)

<table>
<tr><th rowspan="2">必修课程</th><th colspan="3">各年级每周学时</th><th rowspan="2">总计(年)</th></tr>
<tr><th>一年级</th><th>二年级</th><th>三年级</th></tr>
<tr><td>早期学校教育</td><td>20</td><td>20</td><td>20</td><td>60</td></tr>
<tr><td>校长分配学时</td><td colspan="3">2</td><td>2</td></tr>
<tr><td>总计</td><td colspan="3">62</td><td>62</td></tr>
</table>

(二)第二阶段：四至八年级

小学四至八年级简明时间表：每周最少学时(自2017—2018学年起实施)

各年级每周学时							
	必修课程	四	五	六	七	八	总计
1	波兰语	5	5	5	5	5	25
2	第一门现代外语	3	3	3	3(+2)*	3(+2)*	15(+4)*
3	第二门现代外语	—	—	—	2(+2)*	2(+2)*	4(+4)*
4	音乐	1	1	1	1	—	4
5	艺术教育	1	1	1	1	—	4
6	历史	1	2	2	2	2	9
7	公民教育	—	—	—	—	2	2
8	自然科学	2	—	—	—	—	2
9	地理	—	1	2	2	1	5
10	生物	—	1	2	2	1	5
11	化学	—	—	2	2	2	4
12	物理	—	—	2	2	2	4
13	数学	4	4	4	4	4	20
14	计算机科学	1	1	1	1	1	5
15	技术	1	1	1	—	—	3
16	体育	4	4	4	4	4	20
17	安全教育	—	—	—	—	1	1
18	班主任授课	1	1	1	1	1	5
所有课程学时总计		24	25	25	32(+2)*	31(+2)*	137(+4)*
校长分配学时		3					3
总计		140(+4)*					

*括号中的是将现代外语作为第二语言的双语班级和学校的额外学习时间。

其他课程和活动：

①以下课程的学时有特殊规定，宗教或伦理；民族、少数民族语言或区域语言，以及民族、少数民族或区域的历史与文化；少数民族认同的国家疆域；体育活动；

作为教育支持的一部分心理学课程。

②职业指导：七年级和八年级每年最少 10 学时(两年最少 20 学时)；

③残疾学生康复班和活动：特殊班每周 12 课时；主流与综合课程每周 2 学时。

④由校长决定的学时：学时按年分配，以发展学生的兴趣和才能，特别是主观能动性和创造力。

就 ISCED 级别而言，ISCED 1(小学教育)对应小学一至四年级，ISCED 2(初中教育)对应小学五至八年级(涵盖 ISCED 1 和 2 的单一教育结构)。表中的教学时间是根据大纲时间表中定义的教育阶段确定的。

六、考核和认证

内部考核由学校教师进行，外部考核由外部机构进行(中央考试委员会和地方考试委员会)。

(一)内部考核

每所学校均根据国家立法施行自己详细的考核制度。根据国家立法，学习成绩和行为都要接受评估。学生在整个学年都要接受老师的考核。教师应向学生及其家长提供评估标准和学校成绩。

一至三年级学生的学习成绩由教育专家评估，四至八年级由各科目的教师分别评估。期中和期末的成绩以学期或年度的单项成绩为基础。一至三年级学生在教育和行为方面分别获得一个描述性的分数。四至八年级，教师会使用 1 至 6 分的评分标准来评估学习成绩(6：极好；5：非常好；4：很好；3：满意；2：可以接受；1：不满意)。从小学四年级开始，如果学校的考核制度中规定了描述性考核，教师也可以在必修课和选修课中使用描述性考核。

对行为的评价可以分为以下几个等级：出色、非常好、很好、可以接受、不能接受、不能允许。行为成绩不会影响学科成绩、升入下一年级或完成小学教育。

在小学一至三年级，会自动升到下一年级。只有在特殊情况下，根据学生的发展水平、成绩或健康状况，学生才可留级一年。四至八年级，学生必须在学年结束时，在每门必修课或每种课程上取得良好的成绩，才能升入下一年级。那些已经收到两个“不满意”的学生可以参加补考。原则上，如果他们补考不合格是无法升入下一年级的。但学校的教学委员会可以有条件地让只有一个“不满意”的学生升入下一年级。

（二）外部评估

学校教育制度改革之前，所有学生在小学教育结束时（六年级后）需要参加强制性的综合测试。在新的学校教育体系中，所有学生必须参加八年级的书面考试，旨在评估学生在国家核心课程中获得的知识和技能。考试在 2018—2019 学年首次进行。

八年级考试成绩对完成小学教育没有影响，然而，它将作为中等学校入学的一个标准。

（三）认证

学生在每学年结束和小学教育结束时会获得学校颁发的证书。在新的学校教育体制中，学生还将获得由地区考试委员会颁发的八年级考试成绩证书。

第五章　中等教育

学校教育体制改革前，中等教育分为：初级中学三年（ISCED 2）；高级中学三年（ISCED 3），在高级职业学校中，包括四年高中技术学校和三年基础职业学校。

改革于2018—2019学年结束前逐步停止三年制初中，初中教育将整合到新的八年制小学中。现有的三年制基础职业学校和四年制高中技术学校从2019—2020学年起，转型为四年制和五年制学校；从2017—2018学年开始，三年制基础职业学校转为新型学校——三年第一阶段专科职业学校。自2020—2021学年起，将新建立两年制第二阶段专科职业学校。学校教育体制将继续包括前文提到的准备就业的特殊学校和艺术学校。新开办的中学提供中学以上程度的教育（ISCED 3）。

随着学校教育体制的逐步改革，新旧国家基础教育核心课程将在未来几年内齐头并进，这些课程规定了教育的主要目标和学生需要掌握的关键技能。新核心课程目前只涵盖第一阶段的专科职业学校，之后再逐步扩大到其他类型的中学。

基于旧的核心课程，初高中基础教育致力于让学生获取大量事实、规则、理论和实践的知识，能够利用获得的知识执行任务和解决问题，培养在现代社会高效负责任的态度。中学生需要培养的主要技能包括：阅读、数学思维、科学思维、母语和外语沟通能力、ICT技能、信息技能、学习技能和团队合作能力。

在新核心课程中，第一阶段专科职业学校基础教育的目标如下：

1. 培养学生获得职业资格，并为他们在现代社会的工作和生活做好准备；

2. 为学生提供全面的知识，作为日后教育和培训的基础，从而取得各种职业资格，并在第二阶段专科职业学校接受进一步教育。

教学目的是使学生获得涵盖事实、规则、理论和实践的知识体系，能够运用获得的知识执行任务和解决问题，并培养在现代社会中高效负责任的态度。学生需要掌握的技能与旧核心课程中规定的技能在本质上是重叠的。

职业教育是建立在针对各职业的国家核心课程基础上的。

一、初中教育

（一）组织

在改革前的学校教育体制内包含初中，是 13 至 16 岁的学生在完成小学六年教育后进行的为期三年教育，作为全日制义务教育的一部分。初中结业考试结束，提供进入高中的机会。

作为改革的一部分，在 2017—2018 学年至 2018—2019 学年期间，初中将逐步停止。初中一年级被新小学七年级取代；初中二、三年级学生在原有安排的基础上继续学习，参加结业考试。

初中教育（2016—2017）

8 375 所学校	6 664 所公立学校；884 所私立学校以及 847 所特殊学校。
1 061 322 名学生	其中 23 190 名学生就读于特殊学校。

（二）入学

成功完成小学六年级教育，并获得小学毕业证书，是进入初中的唯一标准。

由于初中教育是义务教育的一部分，所以学校都在指定的管辖区域办学。每个孩子都有权进入所居住管辖区域内的一所初中。在有多余名额的地方，学校根据附加标准接收管辖区域以外的儿童。

（三）分班学习

以年龄为标准，按年级分班。班主任通常管理一个班级三年。

法律没有规定班级的最少或最多人数，但公立学校和混合学校的混合班（有残疾的学生就读）每班 20 名学生（包括 5 名残疾学生）的上限除外。

班级应分成小组进行以下课程和活动：超过 24 名学生的 ICT 和外语课程；在课程设置的义务通识教育课程中，超过 30 名学生的实践（或实验课）体育课。具体安排由各学校制定。

（四）时间安排

根据国家立法，一个学年从每年 9 月 1 日开始，至下一年的 8 月 31 日结束。课程从 9 月的第一个工作日开始，直到 6 月 20 日之后的第一个星期五结束。每学年分为两个学期，每学期之间有一个寒假和暑假。寒假为期两周，日期定在 1 月中旬到 2 月底之间，各省时间有所不同。暑假从最后一天上课后的星期六开始，到 8 月 31 日结束。

小学生通常一周上学5天(从周一到周五)。根据学校的工作条件，每周五到周六可以上课。班级与教室的比率大于2时，学校可在整个学年每周上课5天或6天，或实行轮班制(例如，一周上课5天，下一周上课6天)。由各个学校自己做决定。

实行一轮班制的学校，高年级通常从早上8点开始上课，下午2—3点左右结束，如果学校实行两到三班制，上课时间会更长。每天上课的时间也取决于学校的大小、教室的数量和其他课外活动的设施。每节课45分钟，一至三年级除外，课时由老师决定。休息时间通常为5到25分钟。

具体的每周时间表由各学校根据国家简明时间表制定。

(五)课程

初中采用的课程应以国家核心课程和简明时间表为基础。简明时间表规定了初中三年每周分配给必修课程的最少学时。改革前简明时间表仍适用于初中二年级和三年级学生。

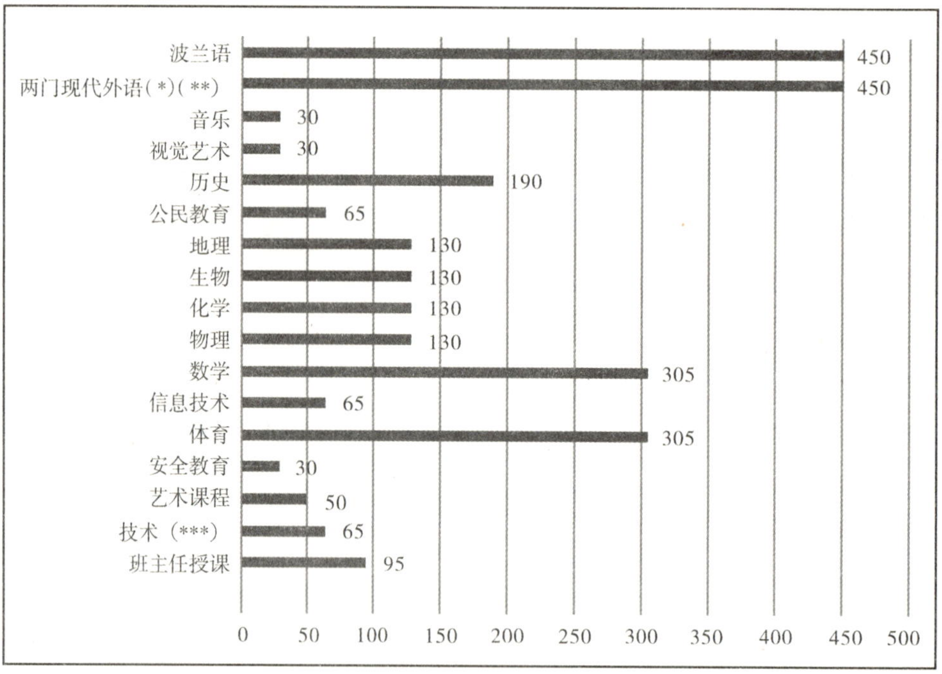

初中简明时间表(截至2018—2019学年)

1. 为轻度智力障碍学生设立的特殊初中开设一门现代外语课：290学时；
2. 在双语班和学校作为第二语言的现代外语课：额外加190学时；
3. 在特殊初中和班级：220学时。

4. 为残疾学生而设的康复及补偿课程和活动，三年内的最少课时数为特殊班每班 1150 小时，主流及混合班每班 190 小时；

5. 初中其他课程和活动包括：宗教或伦理；家庭教育；民族、少数民族语言或区域语言以及民族、少数民族、区域语言的历史文化；少数民族认同的国家疆域；体育学校开设的体育班及学校举办的体育锦标赛。这些课程和活动的课时数单独规定。学校校长按照有关规定，在每学年额外安排一定的课时。

6. 为残疾学生提供康复及补偿课程和活动的每周最少课时数为特殊班 12 小时，而在主流及混合班为每名残疾学生 2 小时。

由班主任教授的必修课各年级每周课时分配

一年级	29 小时（双语班 31 小时）
二年级	30 小时（双语班 32 小时）
三年级	31 小时（双语班 33 小时）

（六）评估和认证

1. 内部评估

内部评估及晋升至下一年级的程序，与小学四至八年级的程序相同。

2. 外部评估

在 2018—2019 学年初中被废止前，学生必须在三年级结束时参加标准初中毕业考试。考试的目的是评估学生在国家核心课程中获得的知识和技能。

考试分三个部分	科　　目
一	历史和公民教育；波兰语
二	第一部分为自然科学包括生物、化学、物理和地理；第二部分数学
三	现代外国语言

考试成绩是升入高中的关键标准。在新的教育体制中，以八年制小学为基础，初中结业考试将被八年级考试替代。

3. 认证

学生在每个学年结束时都会收到学校颁发的证书。完成初中教育后，学生会收到学校颁发的初中毕业证书，以及地区考试委员会颁发的考试成绩证明文件。

二、普通高中教育

（一）组织

现有的普通高中为 16 至 19 岁已完成初中教育的青少年提供为期三年的基础教育课程。它重点致力于为学生接受高等教育做准备。在三年级结束时，所有科目都合格的学生可以参加高中结业考试，从而获得接受高等教育的机会。

自 2019—2020 学年开始，普通高中将改为 15 至 19 岁学生就读的四年制中学。在 2017—2018 学年和 2018—2019 学年，学生按照之前的安排继续学习。与现有的普通高中一样，新的四年制普通中学将为学生接受高等教育做准备，并举行结业考试。

普通高中教育（2016—2017）

2 230 所学校（占全部 6 414 所高中的 35%）	80 所特殊学校
485 489 名学生（占全部高中 1 181 151 名学生的 41%）	1 182 名学生就读于特殊学校

（二）入学

在 2017—2018 学年和 2018—2019 学年，学生和改革前一样，升入三年制高中。学校根据学生初中毕业考试的成绩以及证书中波兰语、数学和校长指定的两门课的成绩来招收学生。校长通常会根据所提供的专业（例如科学或人文），以及在扩展课程中所教授的相关科目来选择这两门课程。在录取标准中也考虑到初中毕业证书中所显示的其他成就。国家立法规定了把标准转换为分数的制度，并对录取程序做出了详细安排。

区际比赛的获奖者，不论其他申请人的成绩如何，均会被其所选择的高中接纳。经教育部长批准，中学可增设双语或实验教育课程考试。

（三）分班学习

与初等教育一样，学生根据年龄来分班，在整个三年中，每班通常由一名班主任管理。法律没有规定班级最少或最多人数，但公立学校和混合学校中混合班的学生人数应在 15—20 人之间，其中包括 3—5 名残疾学生。在某些课程或活动中，学生需要进一步分成小组，安排方法和初中相近。

（四）时间安排

和初等教育阶段相同，见第四章第四部分。但是，由于三年级学生需要参加结业考试，所以课程将于 4 月的最后一个周五结束。

（五）课程

普通高中采用的课程应以国家核心课程和简明时间表为基础。简明时间表规定了高中三年每周分配给必修课的最少课时。改革前的简明时间表在2018—2019学年结束前被替代。

简明时间表（2018—2019学年结束前）：

核心课程和简明时间表对基础课程和扩展课程与附加课程进行了区分，并规定了三年中分配给这些课程的学时。

基础课程包括：波兰语、现代外语、文化研究、历史、公民教育、创业导论、地理、生物、化学、物理、数学、信息技术、体育、安全教育。在三年的课程周期内，学时分配见下图。其中一些科目也在扩展课程中教授。

扩展课程：在三年的课程周期内，除基本课程外，共分配870学时，具体如下：

波兰语、历史、地理、生物、化学、物理、音乐史、美术史、拉丁语、古代文化和哲学，三年各240学时；现代外语、公民教育、数学和信息技术，三年各180学时。学校校长确定要在扩展课程中教授的科目，学生从列表中选择两到四门。

附加课程包括：历史与社会、自然科学，三年各120学时；艺术、经济学实践，三年各30学时；不属于核心课程但属于学校设置课程，三年共30学时。

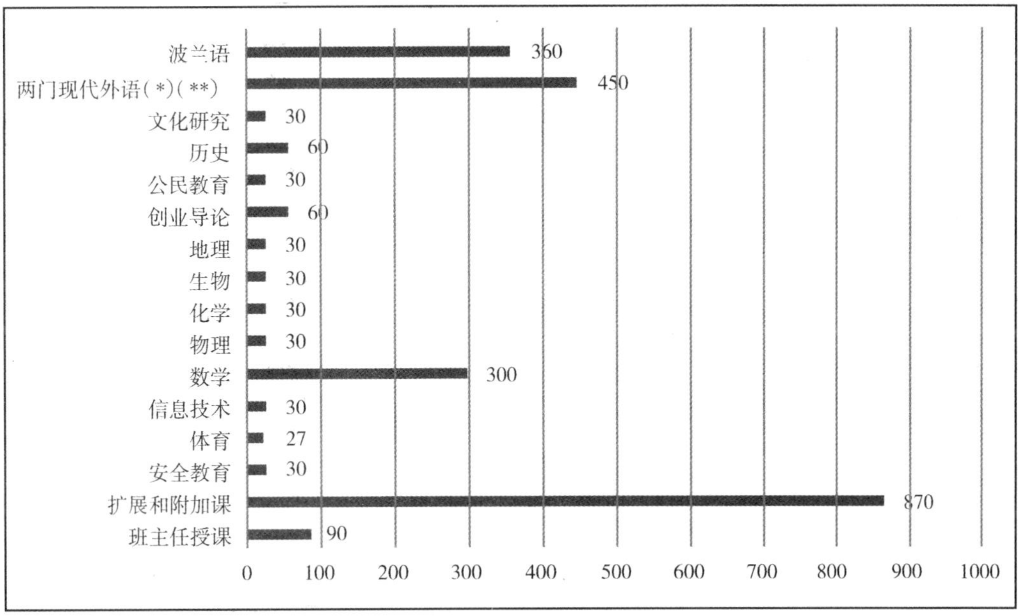

普通高中简明时间表

＊一门现代外语作为双语班和学校的第二语言教授：额外加270学时；

＊＊校长分配两门现代外语的学时。

没有选修历史扩展课程的学生应选修历史和社会作为额外课程。没有选择地理、生物、化学或物理作为扩展课程的学生应该把自然科学作为他们的额外课程。

为残疾学生开办的康复及补偿课程和活动，三年内最少学时数为特殊班每班 900 学时，主流班和混合班每名学生 180 学时。

普通高中的其他课程或活动包括：宗教或伦理课程；家庭教育；民族、少数民族语言或区域语言以及民族、少数民族、区域历史文化；体育学校开设的体育班和学校举办的体育锦标赛。这些课程和活动的学时数单独规定。学校校长按照有关规定，在每学年额外安排一定的学时。

各年级每周分配给班主任教授必修课的学时

一年级	30 小时(双语班 33 小时)
二年级	32 小时(双语班 35 小时)
三年级	29 小时(双语课 32 小时)

为残疾学生提供康复及补偿课程和活动每周最少学时数为特殊班每班 10 小时，主流及混合班为每名学生 2 小时。

(六)评估和认证

1. 内部评估

内部评估和晋升到下一年级的规则与小学四至八年级还有初中相同。

2. 外部评估

普通高中三年级学生可以参加结业考试。该考试评估学生在多大程度上达到了国家核心课程中为每门学科设置的要求。它已经取代了高等教育机构的入学考试，以结业考试成绩为关键录取标准。

结业考试由口语和笔试两部分组成，口语部分在学校内部进行考核；笔试是中央考试委员会规定，由地区考试委员会名册内的监考人员评估的考试。

口语部分包括波兰语和现代外语的必选考试(以及以少数民族语言为教学语言的学校和班级的学生使用的少数民族语言)。学生还必须参加一门附加考试，从六门现代外语中选择，一种民族或少数民族语言或地区语言。考试的等级(基础或扩展)没有事先规定。

笔试部分包括波兰语、数学和一门现代外语的基本水平的必选考试(以及以一种少数民族语言为教学语言的学校和班级的学生使用的一种少数民族语言)。此外，学生应至少选择一门（或最多六门）额外科目参加扩展考试。这些课程包括：生物、化学、哲学、物理、地理、音乐史、美术史、信息技术、拉丁语和古代文化、少数民族语言、现代外语、波兰语、区域语言、数学和关于社会的知识。

有六门现代外语可供学生选择：英语、法语、西班牙语、德语、俄语和意大利语。

要通过结业考试，学生应在每门必修课的笔试和口试部分至少取得 30% 的成绩，并在笔试的延伸部分至少参加一门额外科目的考试；额外科目的考试没有及格线。那些希望提高成绩的学生可以重新参加结业考试的相关部分。

3．认证

学生在每个学年结束时都会收到证书，完成普通高中学业后会收到毕业证书。毕业证书不包括结业考试成绩。通过结业考试的学生会收到由地区考试委员会颁发的结业考试证书，包括口试和笔试成绩。

三、职业高中教育

自 2011 年以来，国家在职业教育和培训方面进行了重大改革，以提高职业教育和培训的质量和效率，并提高与劳动力市场需求的匹配度。职业教育的分类已经修改，使之与劳动力市场职业分类保持一致。分类中对职业的描述是基于资格条件的。这个分类大约包括 200 种职业。它们包括 250 多项资格，每种职业内要求一项、两项或三项资格证书。七个艺术职业没有指定的资格证书。为了职业教育或者更确切地说为了个别职业的培训，国家制定了新的国家核心课程。每种职业的资格证书被定义为学习成果（包括知识、职业技能和社会能力）。

职业高中教育（2016—2017 学年）

3 568 所职业高中	406 所特殊学校
672 101 名职高学生 （占全体 118 151 名高中生的 57%）	11 777 名学生就读于特殊学校

学生和成人学习者可以在整个学习过程中获得资格条件，而不仅仅是在完成学业后。职业资格考试不仅可以在学校教育结束时进行，也可以在教育的其他阶段或学习者获得特定资格后进行。通过一个资格考试后，学习者将获得资格证书。

当学习者通过了某种职业需要的所有资格考试（并达到了所需的教育水平），就会颁发确认该职业资格的文凭。

职业资格的考试制度非常灵活，足以适应非正式学习。自 2012 年 9 月起，该系统向在职业学校以外获得职业知识、技能和经验的个人开放。

作为学校教育体制改革的一部分，职业教育和培训的变化，主要旨在扩大学习的途径，使职业教育和培训制度更加灵活，从而使离校学生更容易获得更高水平的资格条件。

(一)组织

改革前的职业高中教育包括两类学校，一类是四年制技术高中，供持有初中毕业证书 16 至 20 岁的学生就读并让他们取得职业资格证书和提供通向高等教育的结业证书；一类是面向 16 至 19 岁学生的三年制基础职业学校，让他们取得职业资格条件。

从 2019—2020 学年开始，改革把高中技术学校改为五年制技术高中，招收 15 至 20 岁的学生。与现有学校一样，新的五年制技术学校将使学生获得职业资格，并参加结业考试。

从 2017—2018 学年开始，基础职业学校转型为三年制第一阶段专科职业学校，招收 15 至 18 岁学生。从 2020—2021 学年起，将会成立专为 19 至 20 岁学生开办的两年制第二阶段专科职业学校。第一阶段专科职业学校招收 2017—2018 学年新生。然而，在 2017—2018 学年至 2019—2020 学年间，他们继续根据改革前的安排，为较早进入基础职业学校的学生提供培训。第一阶段专科职业学校将提供职业资格证书，并提供进入第二阶段专科职业学校以及成人普通中学二年级的机会。第二阶段专科职业学校将为学生在第一阶段专科职业学校接受培训的职业提供相应的培训。它将使学生获得技术员水平的职业资格，并参加结业考试。

(二)入学

入学条件与普通高中相同。

(三)分班学习

学生分班安排与普通高中相同。

(四)时间安排

与普通高中相同。

(五)课程

与普通高中一样，职业高中的课程应以国家核心课程和简明时间表为基础。技术高中的学生在 2018—2019 学年结束前继续按照改革前简明时间表学习。在 2017—2018 学年进入第一阶段专科职业学校的学生在完成改革前的初中课程后，按照新的简明时间表入学。在完成整个教育周期之前，改革前的简明时间表对于在原有的基础职业学校（现已并入第一阶段专科职业学校）就读的学生仍然有效。

以下是改革前和2017—2018学年起新的简明时间表，技术高中简明时间表（2018—2019学年结束后废止）与普通高中一样，把课程分为基础课程、扩展课程和附加课程，这些课程的学时分配到四年中。

1. 基础课程：波兰语、现代外语、文化研究、历史、公民教育、创业导论、地理、生物、化学、物理、数学、信息技术、体育、安全教育以及理论和实践职业培训。在四年的课程周期内，分配给每个学生的学时数目见下图。其中一些科目也在扩展课程中教授。

2. 扩展课程除基础课程外，四年共分配540学时，具体如下：波兰语、历史、地理、生物、化学、物理、音乐史、美术史、拉丁语、古代文化和哲学四年各240学时；现代外语、公民教育、数学和信息技术每四年各180学时。学校校长确定扩展课程的科目，学生从中选择两门。

3. 额外课程：历史与社会、自然科学各120学时；艺术、经济学实践课各30学时；不在核心课程中，但在学校所设课程中的额外课程共30学时。

4. 没有选修历史扩展课程的学生应选修历史与社会额外课程；没有选修地理、生物、化学、物理、数学或信息技术扩展课程的学生，应选修自然科学作为额外课程。

理论与实践职业培训截止到最后一年的2月底。虽然实习时间是由法律为各种职业预先规定的，但由学校校长决定学生应在哪一年或哪个年级接受实习。如果实习时间超过4周，校长会将额外的时间转换为小时，计入职业培训时间，实习60分钟相当于1学时。校长可将超过四周的实习分开安排。

为残疾学生而设的康复及补偿课程和活动，在四年内最少课时数为特殊班每班900小时，主流及混合班每名学生240小时。

技术高中的其他课程或活动包括：宗教或伦理；家庭教育；民族、少数民族、区域语言和民族、少数民族、区域历史文化；体育学校开设的体育班和学校举办的体育锦标赛。这些课程或活动的学时数单独规定。学校校长按照有关规定，在每学年额外安排一定的学时。

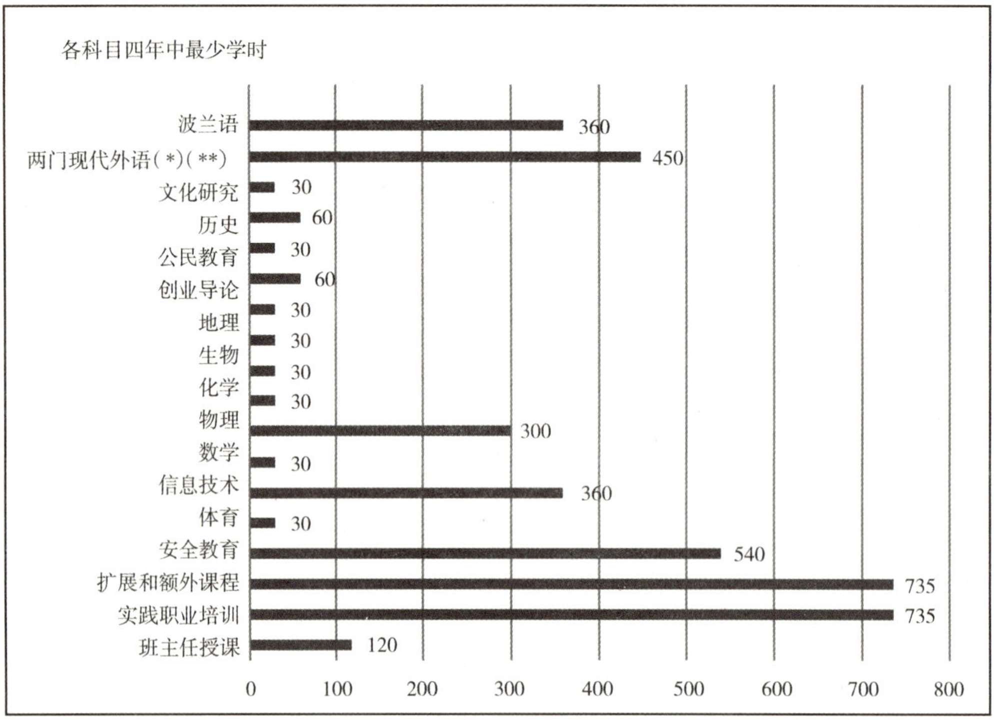

技术高中简明时间表

＊现代外语作为双语班和学校的第二语言：额外加 240 学时；

＊＊校长分配两种语言的学时。

各年级每周分配给班主任教授必修课的学时

一年级	33 小时（双语班 35 小时）
二年级	35 小时（双语班 36 小时）
三年级	34 小时（双语班 35 小时）
四年级	31 小时（双语班 33 小时）

为残疾学生提供康复及补偿课程和活动每周最少学时数特殊班每班 8 小时，主流及混合班为每名学生 2 小时。

第一阶段专科职业学校简明时间表

（适用于已完成改革前的初中学业并于 2017—2018 学年入学的学生）

第一阶段专科职业学校简明时间表：每周最少学时数					
序号	必修课程	各年级每周学时			三年总计
		一	二	三	
1	波兰语	2	2	1	5
2	现代外语	1	2	1	4
3	历史	1	1	—	2
4	公民教育	—	—	1	1
5	创业导论	—	2	—	2
6	地理	1	—	—	1
7	生物	1	—	—	1
8	化学	1	—	—	1
9	物理	1	—	—	1
10	数学	2	1	1	4
11	计算机科学	1	—	—	1
12	体育	3	3	3	9
13	安全教育	1	—	—	1
14	理论与实践职业培训	12	18	20	50
15	班主任授课	1	1	1	3
必修课程学时总计		28	30	28	86
校长分配学时		3			3
总计		89			

其他课程或活动：

1. 单独规定学时数课程的：宗教或伦理；家庭教育；民族、少数民族语言或区域语言，以及民族、少数民族或者区域历史文化；少数民族认同的地理国家；体育活动；作为教育支持的一部分心理学课程和活动。

2. 就业指导：三年至少 10 学时。

3. 残疾学生的康复课程和活动：特殊学校每学年每班每周 10 学时；主流及混

合班每周每名学生 2 小时。

4. 校长自行分配的学时：按学年分配以发展学生兴趣及才能，特别是积极性和创造力的课程和活动，以及发展职业能力的课程和活动。

基础职业学校简明时间表(已整合进第一阶段专科职业学校)(2019 学年和 2020 学年结束后废止)。

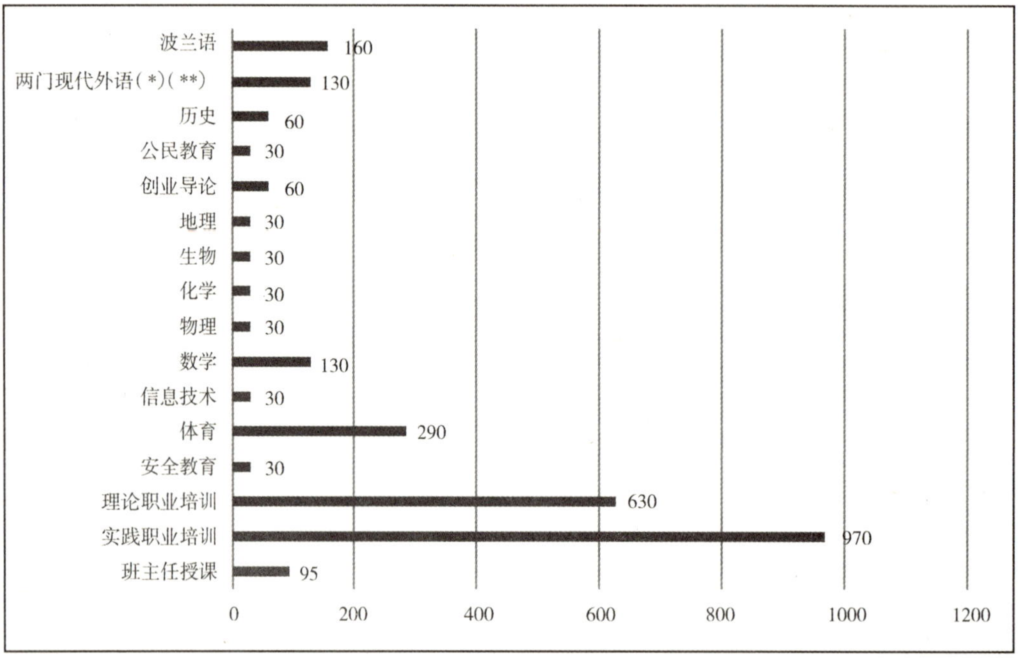

基础职业学校简明时间表：每门课程三年最少学时

为残疾学生而设的康复及补偿课程和活动，在三年内的最少学时为特殊班每班 960 小时，主流或混合班每名学生 190 小时。

普通高中的其他课程和活动包括：宗教或伦理课程；家庭教育；民族、少数民族、区域语言和民族、少数民族、区域历史文化；在体育学校开设的体育班和学校举办的体育锦标赛。这些课程和活动的学时数单独规定。学校校长按照有关规定，在每学年额外安排一定的学时。

基础职业学校的未成年打工学生，可以接受学校的指导，在继续教育中心接受额外的理论培训。另外，他们在每个年级进行为期 4 周的培训，每周 34 小时的课程。学校校长决定，每个年级每周分配给雇主组织的实际职业培训的天数。

每个年级每周分配给班主任教授必修课的学时

一年级	27 小时
二年级	29 小时
三年级	30 小时

为残疾学生提供康复及补偿课程和活动每周最少学时数为特殊班每班 10 小时，主流及混合班为每名学生 2 小时。

（六）评估和认证

1. 内部评估

内部评估及晋升至下一年级的规则，与小学四至八年级的相同。

2. 外部评估

① 结业考试：

目前，只有完成 4 年制技术高中学业的学生才可以参加结业考试。在改革后的学校教育制度下，完成 5 年制职业高中课程的学生，以及完成 3 年制第一阶段专科职业学校课程，并完成 2 年制第二阶段专科职业学校课程的学生，均可参加考试。技术高中学生的结业考试安排与普通高中相同。

② 职业资格考试：

考试评估学生或学习者在多大程度上达到了国家职业教育核心课程中规定的某一特定资格所需的知识和技能。现行的职业资格考试于 2013 年首次进行。

目前，4 年制技术高中和 3 年制基础职业学校的学生（后者转为第一阶段专科职业学校）以及那些已经完成了两种类型的学校课程的学生都可以参加该考试（根据满足国家法律要求的大专学生和毕业生，以及其他成人学习者）。在改革后的学校教育体制中，五年制技术高中学生和毕业生，以及第一、二阶段专科学校学生和离校生（包括符合法律规定条件的大专学生和其他成年学习者）都可以参加该考试。

每项资格考试都是单独进行的。因此，一个人应该通过多少次考试才有资格从事某一特定职业，这取决于在职业分类中所需的职业资格证书数量。在现实中，一个职业可能有一个、两个或三个资格证书和相应的考试。

职业资格考试包括：笔试部分和实践部分。笔试部分（45 到 90 分钟）是评估某一职业资格所需的知识和技能的测试。在实践部分（120 到 240 分钟），旨在评估职业资格所需的实践技能，学生执行考试任务。各职业单独设置笔试和实践部分的考试时长。笔试和实践部分可以在学校、职业教育中心进行。要通过考试，学生或学习者得分应为笔试部分总分的 50% 以上、实践部分总分的 75% 以上。

3. 认证

各类职业学校的学生在每学年结束时都会收到证书，完成最后一年的课程后，还将收到学校颁发的毕业证书。

通过结业考试(在现有和新型技术学校以及新型第二阶段专科职业学校)的学生除获得毕业证书外，还将获得结业证书。由地区考试委员会颁发的结业证书包括笔试和实践部分的成绩。

通过某一项资格考试后，学生将获得由地区考试委员会颁发的有关资格证书。一旦获得了从事某一特定职业需要的所有资格证书，并达到了所需的教育水平，他们就会获得由区域考试委员会颁发的确认该职业资格的文凭。

第六章　大专教育

一、组织

在波兰的教育分类中，大专教育被认为是中等教育的一部分。大专学校提供长达2.5年的课程，以取得专业资格。这些课程主要面向19岁至20岁或21岁的学生或学习者，他们已完成普通高中(改革前)、普通中学或第一阶段专业职业学校(改革后)。

大专教育(2016—2017年)

2326所大专学校包括			
特殊学校	公立学校	私立学校	学生
24所	447所	1 879所	247 856名

大专学校的培养方案是根据最近修订的职业分类编制。学校提供超过20门的课程，包括美术、经济和行政、医学、工程和技术、农业、林业和渔业、运输和通信以及服务。最受欢迎的是经济和管理、医疗、服务和计算机。自2017—2018学年开始，大专学校一直在进行重组，以适应新的学校教育体制。

二、入学

目前，大专学校主要招收普通高中以上学历的学生。他们中的大多数只需要高中毕业证书。

新学校教育制度的大专学校将向完成普通中学或第一阶段专科职业学校的学生开放。

三、分班学习

与高中教育一样，大专学校的学生也被分成年级和班级。国家立法没有预先定义一个年级的规模。对于外语等科目和职业训练班，学生可以分成班，也可以在个别学校进行其他组织安排。

四、时间安排

参见第四章第四节。

五、课程

大专学校所采用的课程应以国家核心课程和简明时间表为基础。从 2017—2018 学年开始，新学期的简明时间表已经就位，并已经施行。2017—2018 学年前入学学生的课程以改革前时间表为基础。以下是 2017—2018 学年的简明时间表（适用于 2017—2018 学年前入学的学生）。

大专学校简明时间表

（适用于 2017—2018 学年入学的学生）

序号	必修课	按年级每周学时数		年总计
		一年级	二年级	
1	理论与实践职业培训	25	25	50
2	体　育	3	3	6
总计		28	28	56

两年的必修课最少学时数个别学校略有不同，反映了课程的灵活性，这些课程往往是模块化的。对于为期一年、一年半或两年半的方案，简明时间表也会进行相应调整。在职业教育的核心课程中，对各个职业的实习时间进行了规定。学校校长按照有关规定，在每学年额外分配一定的学时。每学期必修每周为 28 学时。

管理学校的机构可拨出若干小时用于额外的课程，如教育活动和手语课程。学时数单独规定。

分配给理论和实践的职业培训时间由校长分配。然而，至少 50% 的时间应该分配给实践培训，实践培训包括强制实习。在职业教育的核心课程中，对各个体职业的实习时间进行了规定。

六、评估和认证

(一)内部评估

每所大专学校都根据国家立法，采用自己的详细考核制度。并对学习成绩进行考核，应向学生提供评估标准和分数。

学习成绩由各个课程的教师评定。学生将获得单科、学期末和学年末的分数。在学期末和学年末的评估中，会考虑全年的成绩。为了有资格参加学期末和学年末的评估，学生必须通过必修课程一部分的内部考试。

教师使用1—6分制评分标准，其中6分为优秀，5分为非常好，4分为良好，3分为满意，2分为可接受，1分为不满意。

升学是基于学期制的。如果学生在学期末的成绩，所有课程或科目都合格，则升入下学期。成绩不理想的学生可以补考；补考不及格的，不予升学，应留级一个学期。然而，学校的教学委员会可能会有条件地让一名在一门课程中成绩“不理想”的学生升入下一级。在整个教学周期中，学生只能有条件地获得一次升学。如果学生在期末考试中都获得“合格”以上的分数，就可以完成学业。

(二)外部评估

与职业学校一样，大专学生也可以参加职业资格考试。

(三)认证

在完成以上教育阶段后，大专学生将获得毕业证书。经职业资格考试合格的，发给职业资格证书，并可以根据需要补发证书。

如有要求，证书补充文件与文凭一并颁发。按照欧洲委员会、欧洲理事会和联合国教科文组织或欧洲高等教育中心所采用的结构，补充文件会提供关于资格证书的详情，以及证书文凭持有人的知识、技能和能力水平。

第七章　社工学院

教育系统还包括社工学院，在波兰国家立法中，社工学校属于学校教育的一部分。如果与国际上其他国家相比，社工学校属于第三级教育(即高等教育)。学校数量和学生人数都很少。据统计2016—2017年间5所社会工作学院共有学生216名。

一、组织

学院为持有证书的19至21岁学生提供3年制课程。在学术术语上，每个学院都由一个高等教育机构基于单独协议进行监管。毕业生可以作为完全合格的社会工作者进入劳动力市场。作为与监管高等教育机构之间协议的一部分，他们也可以参加监管机构的期末和文凭考试，并获得学士学位。学院作为学校教育体系的一部分，不受学校教育改革的影响。

二、入学

入学需要有一份上一阶段学习的结业证书，申请人须在之前的学习过程中取得理想成绩，每个学院都有自己详细的录取程序。

三、学习分班

根据国家立法，学生分班学习。全班学生人数最多20人，班级可以联合起来上课。

四、时间安排

学年从10月1日开始，到次年9月30日结束。分为两个学期，以冬季和夏季考试结束，并以寒假和暑假分开。

五、课程

课程应以负责劳工和社会政策的部长制定的国家标准为基础。《标准》规定了课程和分配给课程和实习的学时数，课程内容以及学生在培训结束时应获得的知识和技能。

六、评估和认证

学院采用自己的内部规则来评估。使用1—6分的评分标准(就像在学校教育中一样)。分数由教授各个课程的教师评定。学生可以通过课程学习和考试获得分数，这些都是单独课程的一部分。完成三年课程后，学生需参加期末和文凭考试。参加考试的学生必须修完所有课程和实习，并提交毕业论文，获得积极的评价。期末考试由某所大学的校长指定的委员会负责。通过期末考试后，毕业生将获得文凭，证明符合社会工作者的资格要求。

学院的学生可以学习额外课程，参加学士学位考试。考试由高等教育机构的校长设立考试委员会，负责对学院进行学术监督。本科学位由高等教育主管机构授予。

第八章　高等教育

一、组织

高等院校提供下列课程：

第一周期课程：3—4 年（取得 180 至 240 欧盟学分互换体系学分）获得学士学位［学士学位（licencja）或工程师（inżynier），这取决于其研究领域］；3—4 年可获得学士学位，3.5—4 年可成为工程师。

第二周期课程：1.5—2 年（取得 90 至 120 欧盟学分互换体系学分），获得硕士学位（硕士或同等学位，视研究领域而定）。

长周期课程：5—6 年（300 至 360 欧盟学分互换体系学分），与第二周期课程一样，获得硕士学位或同等学位。

第三周期或博士课程，2—4 年，获得博士学位。

高等教育（2016—2017 年）

高等教育机构		第一、第二周期、长期和第三周期课程人数（名）		
公立机构 132	私立机构 258	公立学院学生人数 1 034 200（76.7%）	私立学校学生人数 314 661（23.3%）	第三期学生人数 43 181
390（总计）		1 348 161		

第一周期课程旨在提供特定学习领域的知识和技能，为学生从事特定职业做好准备。第一周期的毕业生可以参加第二周期和长期课程。第二周期和长期课程旨在提供特定研究领域的专业知识，为学生从事特定职业的研究性工作做好准备。第二和长周期的毕业生可能会转入第三周期的课程。只有在医学、牙科、医学分析、药剂学、物理治疗、兽医学和法律等领域提供长周期课程。心理学、神学、表演、动画制作、摄影、导演、舞台设计、平面设计、绘画和雕塑等领域也可提供长周期课程。第一、第二和长周期课程可与波兰其他国际教育机构合办。

高等教育(2016—2017 年)

参与高等教育		1990—1991 年这一比例分别为 12.9% 和 9.8%
毛升学率 47.4%	净升学率 36.8%	

波兰的高等教育管理机构总共提供约 930 个以英语为主的外语课程，包括语言研究或文献学的课程有 640 多个。其中大多数是第一和第二周期课程，很少是长周期课程。

第三周期的博士课程(不仅由高等院校提供，也由高等院校以外的研究机构提供)旨在提供科学与人文教育的特定领域或学科的更高层知识，为学生进行独立研究和创造性活动以及授予博士学位做好准备。因此，他们帮助申请人准备授予博士学位的过程，但完成这样一个项目不是授予该学位的先决条件。博士学位持有者可以继续他们的研究生涯，首先获得博士后学位，然后获得教授头衔。

所有级别的课程均分为全日制和非全日制。全日制课程的定义是，至少一半的课程是通过要求学生和老师出席的校园课程来完成的。高等院校所定义的任何其他类型的课程，均被视为非全日制课程。

此外，高等院校和研究机构均提供不授予学位的研究生课程，向获得学士或硕士学位的人开放，为期一至两年。这被认为是继续教育或成人教育的一部分。

高等教育(2016—2017 年)

全日制第一、二以及长周期学生人数(名)	非全日制第一、二以及长周期学生人数(名)	全日制博士人数(名)	非全日制博士人数(名)
895 725(66.5%)	453 097(33.5%)	37 548(87%)	5 633(13%)

除了公立学校和私立学校的区别，高等院校在国家立法中被分为研究型大学(学术)和非研究型大学(以专业技术为导向)。研究型大学从事科学研究，而且有博士学位授予(包括研究的质量和特定数量的学术人员拥有教授的头衔或博士后以及同等学力)。它们提供第一、第二、长期和第三周期的课程。大约 70% 的公立高等教育机构是研究型大学。非研究型大学无权授予博士学位，只能提供第一、第二和长周期课程。

为了统计，高等院校分为以下类别:

大　学	19	技术高等院校	23
农业高等院校	7	经济学学院	58
教育学学院	13	医学院校	9
海事学院	2	体育学院	6
艺术研究学院	22	神学学院	15
由国防部与内务部负责的院校	7	其他高等院校	209

大学、技术高等院校和经济及相关专业的高等院校吸引了最多的学生（2016—2017 学年分别占全部学生的 30%、21% 和 13%）。最大的高等院校有 3 万—4.5 万名学生。如华沙大学、克拉科夫大学、波兹南密茨凯维奇大学、弗罗茨瓦夫科技大学、罗兹大学和华沙理工大学。

二、入学

国家立法对所有类型的高等教育机构都规定了一般入学要求。

第一周期及长周期课程均向持有结业证书的申请人开放，录取以大学升学考试的成绩为依据。高等院校不得就申请人参加的"大学升学考试"科目进行入学考试。不过，每个高校都可以规定大学升学考试的标准以此为入学提供依据。科学和高等教育部长同意，只有必要评估知识和技能的考试达到相关标准（如特定的资质或需要在某些研究领域身体健康）或当申请人持有国外相关的中学毕业证书或大学入学资格考试成绩达到相关标准才可以参与大学入学考试。

为了参加第二个周期课程，申请人应持有学士学位或硕士学位或同等学力。高等教育系统可以规定额外的要求，例如，所持有的学位与第二周期课程之间的对应关系。

各高等教育机构可自行制定额外的入学条件及程序，包括可供学生就读的名额（医学及牙科除外）。卫生部长在与科学和高等教育部长商议后，规定了在这两个领域入学的最大学生人数。

申请人如持有硕士学位或同等学力，并符合个别高等教育机构所制定的额外入学条件，便可修读第三周期课程。

三、时间安排

学年通常从 10 月 1 日开始，一直持续到次年 6 月底。分为两个学期，每个学期都以考试结束。学期之间有寒假（在 2 月上半月通常为 1 到 2 周）和暑假。还有两个较短的假期：圣诞节和复活节。具体安排由各高等院校自行制定。

四、课程

（一）第一、第二和长周期课程

第一、第二和长周期课程是在国家立法规定的研究、学术和科学或美术领域内提供的。目前，最受欢迎的领域是经济和管理，以及工程、技术和社会科学等领域。

国家还规定了课程应满足的一般要求（例如学习方式、学习成果、欧盟学分互换体系总学分和每门课程或模块的学分数、实习的时间等），以及高等教育系统提供课程的要求。后者包括所谓的最低工作人员要求。这是按学习水平（周期）课程方向和某些特定研究领域划分，拥有博士、博士后学位或教授职称资格的最少学术人员人数。

课程按方向分为两类：

以学术为导向的课程，包括与某所高等院校所进行的研究有关的课程组成单元，并超过一半课程，如欧盟学分互换体系学分所规定，涵盖的课程，使学生获得更深入的知识；以实践为方向的课程，包括旨在培养学生的实践技能和能力的课程，这些培训课程由高等院校以外的、具有专业经验的员工进行。在课程自主权上，立法对基本组织单位（通常是学院）授权授予博士后学位（法律规定履行特定的需求，包括研究的质量和学术人员拿着专业的数量标题或博士后或同等学力）和那些没有授权的基本组织单位需要这样做。前者可设立及提供在任何级别、任何学术范畴、科学或美术范畴内的以学术及实务为导向的课程，而该等课程须与 HEI 授予博士后学位的课程相对应。他们为每个方案确定学习成果，并在此基础上编制课程。后者可在科学和高等教育部长的授权下设立和提供课程，其课程基于科学和高等教育部长所定义的学习成果，这一过程涉及波兰认证委员会。

对于一些研究领域会有国家标准，其中规定了个别课程和其他课程组成部分、分配给它们的学时和 ECTS 学分以及课程内容。科学和高等教育部长同其他主管部长协商，制定了详细的要求。医学分析和检验课程；欧盟有关规定涵盖了七个领域的课程：医学、牙科、药剂学、护理、助产士、兽医学和建筑学；初级教师培训课程

（未来的学校教育教师）。

（二）第三周期课程

第三周期或博士课程是在国家立法规定的学术、科学或美术领域以及科学和艺术学科中提供的。

课程内容由提供课程的组织单位（包括高等院校和高等院校以外的研究机构）编制，并由权威机构批准。根据国家立法，课程应规定每年必修课程的学时、提交的课程作业和参加的考试。此外，作为实践训练的一部分，高等院校的博士生应当授课，最长不超过 90 小时。

五、评估和认证

提供第三周期课程的高等院校（或高等院校以外的研究机构）制定了关于评估和学习进展的详细规定。博士生必须按照内部规定参加课程和考试，进行研究并提交进展报告，撰写博士论文。高等院校的博士生也被要求授课。考试由负责某一门课程或某类课程的学术教师（或其他机构的研究人员）负责。博士生教学由指导教师进行考核。研究和撰写的论文由博士生导师或其他授权人员或机构进行评估。

未完成博士课程的学生将获得一份证书，表明所修课程和已修课程，以及所取得的成绩。若完成则授予学位。

博士学位的授予有不同的国家规定。参加和完成博士课程并不是授予学位的先决条件。它可颁发给符合下列条件的候选人：具有硕士学位或同等学力；通过博士（核心学科和其他学科以及外语）考试；提交并成功完成博士论文答辩（公共答辩）。

授予博士学位的决定由考试委员会做出，该委员会由博士生、候选人的导师和论文评审人员组成。持有学位的人获得博士学位证书。

第九章　成人教育

一、提供者和课程

成人教育非常多元化，无论是参加者还是提供者。它由正规教育系统内外的各种公立和私立学校提供，并不构成一个综合部门。

主要提供者	主要课程类别
包括小学、初中（逐渐停办）、高中、青少年职业学校	儿童和年轻人的教育周期与学校相同； 职业资格课程
继续教育中心、实习训练中心、进一步的在职训练中心、职业及继续教育中心，将职业学校与继续教育中心合并，所有学校教育系统的一部分	职业资格课程、职业技能课程、一般能力课程、青少年工人培训
高等教育机构与研究机构	不授予学位的研究生课程及其他课程
由高等院校、文化机构、非政府组织提供的各种形式的非正规教育：（如开放大学、三年级学生）	为老年人提供学习机会的课程
技能中心：培训机构包括登记在册由地区劳工办公室主管的培训机构	职业资格课程；为失业人士及求职人士提供的各种培训课程
劳动力市场制度（如劳动办公室）	培训课程及安置失业人员和求职者学习的课程
其他机构提供成人教育服务是他们经济活动的一部分	职业资格课程；各种通用和特定区域的课程（例如外语或信息技术）
雇主及雇主团体	为员工举办的课程及在职培训课程

国家立法只对学校设置的成人教育、不授予学位的研究生课程、职业资格课程、职业技能课程、一般能力课程和对青少年工人的理论补充培训的各个方面进行规定。

与儿童和青少年的学校教育一样，学校环境中的成人教育作为学校教育改革的一部分正在进行重构。自 2015—2016 学年起，普通高中已成为成人高中的主要类型。目前，没有成人职业（高级）中学。

成人教育、成人学校（2016—2017 年不包含大专）

成人学校 （1 769 所）	公立 630 所	学生 165 158 名	57% 为男性名
	私立 1 139 所		43% 为女性名
小学（3 所）	学生 13		
初中（178 所）	学生 9 980 名		
中学以上（1 588 所）	学生 155 165 名		

职业资格课程是以相关的国家职业教育核心课程为基础，涵盖一种职业从业资格的教育。学习者完成后可以参加职业资格考试，以确定某一特定的资格。职业技能课程以国家职业教育核心课程为基础，侧重于达到某一资格证书的部分要求，教育部培训领域所有岗位的共同要求，或与小型工作机构相关的所有岗位的共同要求。基础能力课程可涵盖基础教育国家核心课程的任何部分。未成年工可以接受用人单位或者所在学校的理论补充培训。所选课程的种类和培训时间由雇主、学校和提供者根据个人情况商定。

成人教育（2016—2017 年）

公立继续教育中心 203 个	公立实习训练中心 161 个	公立进修及在职训练中心 358 个
公立职业和继续教育中心 90 个	私立继续教育及实务课程 2 097 门	
成人教育、非学位研究生课程（2016—2017 年）		
学生　15 984 名	73% 女学生	
	27% 男学生	

不授予学位也研究生课程由高等教育机构在其对应的领域提供。例如，为完成某一领域的学位课程并希望获得教学资格（作为学校教育系统的一名教师）或具有教授另一学校课程资格的人举办的教师培训课程。不授予学位的研究生课程的最低学制为两个学期，学生在完成课程后应至少获得30学分。

其他类型的成人教育课程的安排，由个别机构采用（2016—2017年共有10 652个成人教育机构，提供了134 046节课，共有5 640 286人参与）。

二、入学

成人小学接受18岁及以上的学生，成人初中（已被淘汰）目的是给18岁及以上或在18岁开始初中教育的人，以及在1999年之前完成了六年小学教育（改革后为八年制）或者年龄达到体制小学七年级或八年级的人提供教育。改革前，如果学生有严重的学习困难或其他障碍，小学和初中可以例外地接受15至18岁的学生。

要进入成人普通高中，学生年龄应在18岁或以上，并已完成初中教育。大专学校招收年满18岁并持有高中毕业证书（新学校教育体制中的中学毕业证书）的学生。不需要在普通或技术（高级）中学毕业时通过考试后颁发的证书。

学生如欲参加职业资格课程，年龄不少于18岁，并须持有健康证明，以证明适合接受实际职业训练。对于在非学校环境中开设的各类职业和其他课程的入学要求，没有国家规定。

参加不授予学位的研究生课程，申请人应持有学士学位，已完成第一周期课程。个别高等院校及研究机构可制定额外的入学准则。

三、课程

与小学和中学一样，成人学校采用的课程应以国家核心课程和简明时间表为基础。作为学校教育体制改革的一部分，已为新的八年制成人小学的七年级和八年级、新的成人普通中学以及成人大专学校制定了新的大纲时间表。新的成人大专学校大纲时间表，以2017—2018学年开始实施的成人教育为例。

成人大专学校简明时间表

序号	必修课	每学期每周学时数		两年总计
		1、2 学期	3、4 学期	
1	理论与实践培训	18	19	37
2	创业入门课	1	—	1
总计		19	19	38

管理学校的机构可拨出若干学时用于教授额外的课程和教学活动。

职业培训时间由学校负责人在理论培训和实践培训之间进行分配，其中至少50%分配给实践培训。在职业教育的核心课程中，对个别职业规定了强制实习的时间。

职业资格课程和职业技能课程是根据国家职业教育核心课程编制的。课程一般遵循国家小学至大专的基础教育核心课程。

不授予学位的研究生课程（至少 30 ECTS 学分）由各高等院校和研究机构制定。然而，科学和高等教育部长为初级的教师培训方案制定了国家标准。例如，这些标准规定了不授予学位研究生课程的模块、学时和分配的 ECTS 学分的数量，以及实习或实习的目的和一般安排。其他类型课程由个别提供者开发。

四、评估和认证

（一）课程的评价及认证工作（在正规教育体系内提供）

成人学校的评估和认证与小学和中学相同，但不评估行为。职业资格课程、职业技能课程和一般能力课程以提供者定义的评估形式结束。优秀的学习者会获得课程结业证书。完成职业资格课程的，可以参加职业资格考试。

不授予学位的研究生课程的评估方法由各院校自行制定。他们通常把功课和考试结合起来，优秀的学习者将获得结业证书。这种证书是综合资格系统内的部分资格。

（二）非正式学习和正式学习的认证

目前还没有一个完善和连贯的系统来认证正式和非正式学习。所采用的程序因部门和机构而异。该方法基于欧洲职业培训和发展中心的《欧洲正式和非正式学习认证指南》（认证过程包括对学习成果的识别、记录、评估和认证），于 2018 年年底前通过。

国家规定的认证程序包括校外考试(学习者在完成一个项目或课程后参加的考试)和特定专业证书的考试(例如建筑或医学)。校外考试由年满 18 岁的个人参加。成人通过相关考试后，可获得小学毕业证书和普通高中毕业证。校外考试以全国基础教育或职业教育核心课程为基础，由中央和区域考试委员会管理。

第十章　特殊教育

国家立法没有对特殊教育做出明确规定，然而特殊教育需求随着群体不同而发生变化，例如有残疾、特殊学习困难、社会适应、行为或运动障碍、长期疾病、创伤情况或特殊才能的人。

幼儿园学校以及在学校教育系统内的其他教育机构为有特殊需要的学生及其父母提供心理和教育支持，这些心理及教育支持包含以下活动：课程优化开发、学习技能或情感和社会能力、交际能力训练、语言课程、单独的学习计划或课程以及家庭学习。

特殊教育是学校教育体制的一个组成部分，它向有下述情况的儿童和年轻人颁发特殊教育证书，包括：轻度、中度和重度智力残疾的学生；有听力障碍的学生；失明和视力受损的学生；患有运动障碍的学生（包括阿斯伯格综合征和多重残疾者）；社会适应能力差的学生；对社会适应不良并具有危险倾向的学生等。

一、组织

学校教育体制为在小学阶段诊断出残疾的孩子提供全面的发展支持，以促进儿童的心理、运动和社会发展。

2016—2017 年特殊护理学校和其他学校包括 242 所护理学校，794 所基础学校，847 所次级基础学校 ，495 所就业型学校，373 所基础服务学校，33 所高等技术学校，80 所普通高等学校，24 所高级高等学校。

为有特殊教育需求的学生提供的学校类型有：

1. 特殊护理学校。

2. 主流护理学校和其他机构（可以为特殊需求学生提供证书资质的学校、为非残疾学生提供特殊证书的学校）。

3. 特殊学校：小学、包括为中度或重度智力残疾学生开设的小学、初中（改革后被废除）；普通高中和职业高中。

4. 特殊需求学生可以参加的主流学校：为有特殊需求学生开设的特殊班级、由有特殊需要证书的学生及无残疾学生组成的混合班。

那些既具有普通学生也有特殊需求学生的幼儿园和学校，被称为综合幼儿园或学校。例如，青年社会保健中心、特殊教育和护理中心以及特殊教育中心，家长可以根据自身的需要为他们的孩子选择相应的学校。如有必要，残疾儿童进入小学的时间可以推迟到 9 岁。他们一至三年级可以延长一年，小学四至八年级延长两年，小学后延长一年。残疾学生和社会适应不良的学生可以在主流学校上学，直到规定学年结束。小学可以延长至 20 岁，小学后可以延长至年满 24 岁。

儿童、青少年特殊教育占学前人数的 1.5%，占学校人数的 3%。与主流学校相比，就读于特殊学校的学生比例因教育水平和学校类型而异。

2016—2017 年，主流学校和特殊学校接受特殊需要儿童和青年教育的学生人数

教育水平	总数(人)	主流学校(所)	特殊学校(所)
小学	7 3311	49 013(67%)	24 298(33%)
初中	4 7440	24 250(51%)	23 190(49%)
为就业做准备的特殊学校	10 707	—	10 707(100%)
基础职业学校	14 507	3 582(25%)	10 925(75%)
技术高中	3 912	3 060(78%)	852(22%)
普通高中	5 329	4 147(78%)	1 182(22%)
大专	377	30(8%)	347(92%)
总计	155 583	84 082(54%)	71 501(46%)

每班学生人数最多为 20 人，含 5 名以上的残疾学生，就读于综合幼儿学校或混合班。特殊学校的班级规模也有上限，视残疾的类型而定，例如，一个班级最多有 4 个自闭症学生(包括阿斯伯格综合征)；最多 8 个中度或重度智力障碍学生；最多 6 个严重智力障碍学生。

二、课程

(一)主流幼儿园和学校

对有特殊教育需要的学生，除中度或重度残疾学生、智力残疾、社会适应不良的学生以及那些社会适应不良并具有危险倾向的学生外，在学前机构的基础教育、各级学校的基础教育以及职业教育方面，与正常的学生遵循相同的国家核心课程。在小学和为就业准备的特殊学校里，中度或重度智力残疾的学生会有单独的核心课程。对于严重智力残疾的学生，主流幼儿园及学校可举办义务教育，形式为团体或针对个人的康复教育班。因健康原因而不能就读幼儿园或学校的学生，可参加这种个性化课程。

每个有特殊需求的学生都有个人教育和治疗的方案，它是由一组教师和专家与相关咨询和指导中心合作提出的建议。该方案规定了特殊班级的设定或活动，特别是包括残疾学生的康复班和活动，社会适应能力差的学生的社会康复班和活动，或有社会适应不良并具有危险倾向的学生的社会治疗班和活动。课程和活动的目的是改善学生社会适应能力，并提高他们对幼儿园、学校、家庭和社会生活的参与度。

为有特殊教育需要的学生提供教育环境，必要时需修订和调整课程(包括治疗和康复活动)的方案。根据学生的需要，可以分为小组也可以个性化设置。学前教育机构的课程和活动时间应根据个人需要做出调整。作为学校改革的一部分，新的国家大纲时间表已经实施，在主流学校的康复班和混合班中，所有教育水平的学生最低上课时间为每周2小时。根据改革前仍在部分学校或年级实施的大纲时间表，确定了班级的最低人数。

康复课的上课时间如下：初中三年以及基础职业学校，每名学生190小时；普通高中三年内，每名学生180小时；技术高中的四年里，每名学生240小时。

(二)特殊幼儿园和学校

除中度或重度智力残疾的学生外，特殊幼儿园和学校向所有三组具有特殊需要的儿童和学生提供国家核心课程。因此，总的来说，他们和正常学生上同样的必修课。然而，也有一些例外，例如在初中，有轻微智力障碍的学生不需要(但可能)学习第二门外语，学生不参加体育或信息技术课程，而体育或信息技术课程是由校长根据医学证明做出的决定。与主流学校一样，中等或严重智力残疾的学生遵循单独的核心课程和大纲时间表，而那些不能上幼儿园或学校的学生则遵循个性化的家庭教育课程。

与主流学校一样，特殊幼儿园或学校的每个学生都有自己的教育和治疗计划。除此之外，所有特殊课程，包括康复课程和活动，学时数应根据儿童的个体需要而定。除中度或严重智力残疾的学生外，残疾学生在特殊学校接受康复课程的最少学时数为：

在特殊学校每班每周上康复课的学时数

根据改革前制定的时间表，学校被废除或转换	新的简明时间表
6 年制小学 12 学时，3 年制初中 12 学时	小学 12 个学时
3 年制普通高中 10 学时	4 年制普通中学 12 学时
4 年制技术高中 8 学时	5 年制技术高中 8 学时
3 年制基础职业学校 10 学时	第一阶段专科职业学校 10 学时
	第二阶段专科职业学校 8 学时

中、重度智力残疾小学生特殊学校简明时间表（2017—2018 学年开始实施）

序号	必修课	按照年级每周上课时数（小时）								8 年该课程总数
		一年级	二年级	三年级	四年级	五年级	六年级	七年级	八年级	
1	个人护理和功能	4	5	5	6	6	6	7	7	46
2	培养沟通技巧课程	2	2	2	2	2	2	2	2	18
3	创造力提升课程	10	10	10	12	13	13	14	14	96
4	体育	3	3	3	4	4	4	4	4	29
总计		9	0	0	24	25	25	27	27	187
为中、重度智障及多重残疾学生就业而设的特殊学校 简明时间表（2017—2018 学年开始实施）										

每周有 5 学时由校长分配，每年级每班最少上 10 小时的康复课程。作为心理和教育支持的一部分，宗教或伦理课程的学时数载于单独的条例。管理学校的机构可以分配一些时间用于额外的教育活动和手语课程。

序号	必修课	按照年级每周上课时数			三年课程总计
		一年级	二年级	三年级	
1	个人和社会能力课程	6	5	5	17
2	培养沟通技巧课程	2	2	2	6
3	创造力提升课程	4	4	4	12
4	就业训练	18	19	20	57
5	体育	3	3	3	9
总计		33	34	34	101

三、评估和认证

总的来说，对有特殊需要的儿童和青少年学生进行内部和外部评估的规则与正常学生相同。对有多重残疾的学生可以免考，对中、重度智力残疾的学生免考。在必要时，可以特殊安排考试，例如根据残疾类型来延长考试时间，不论环境如何。所有接受特殊教育的儿童及青少年学生，除中度或严重智力残疾外，均可获得相同类型的学校证书及校外考试资格。

同主流学校一样，除了中、重度智力残疾的学生外，特殊教育学校也会为学生提供毕业证书以及考试证明文件，完成特殊学校就业准备课程的学生将获得一份证书，确认他们正在为工作做准备。

第十一章　教师

国家立法对在职教师进行了划分，他们包括早教、学校教育以及旧学校或者是其他教育机构提供的成人教育的教师，并且区分了学术型教师与学校教育系统的教师。

各级学校教师 684 497 人（单位：名）

全职 567 544 人（83%）	兼职 116 953 人（17%）	公立学校教师（全职） 673 232 人（87%）	私立学校教师 （全职）（13%）

学术型教师 95 685 人（单位：名）

全职 91 603 人（96%）	兼职 4 082 人（4%）	公立学校教师 83 796 人（88%）	私立学校教师 11 889（12%）

一、从事学校教育的教师

（一）初级培训、必需的资格和在职培训

初级教育及培训：

目前，初级教师培训仅由高等教育机构提供。截至 2016 年，幼儿和学校教育教师还分别在教育培训学院和外语教师培训学院接受培训，在国家立法中将初级教师培训机构列为具有大专程度的职业教育机构。

初级教师培训包括必修课的培训和心理学、教育学和教学方法论的培训。两种培训模式并存。

1. 并行模式

是占主导地位的模式，在某一特定研究领域攻读学位的学生可以选择一个教师专业方向。通过这种方式，他们完成了专业教师培训，并获得了教学资格，作为学位课程的一部分，与他们的专业培训并行。

2. 连续模式

在某一特定研究范围内修读学位课程，然后选择教学专业，他们可在完成不授

予学位的研究生课程或资格课程后取得教师资格（适用于未将教师专业课程作为特定学习领域学位课程和以后选择教学专业的一部分学生）。

高等院校提供下列课程：学位课程，取得硕士学位或同等学力；不授予学位的研究生课程，可获完成不授予学位研究生证书。

资格课程：作为不授予学位的研究生连续型课程的一种替代课程，由经过认证的在职教师培训机构提供。

国家已为初级教师培训制定好学位课程及非学位研究生课程标准。规定了学习成果，模块的学习时间、ECTS 学分的数量以及实习的目的和总体安排。这些模块包括第一学科或第一类课程教学的特定学科课程、心理学和教育学课程、教学课程、附加学科或第一类课程教学的培训以及对有特殊需要学生的教育。实习主要应与常规课程并行，包括以下活动：参观教育机构、观察课堂、协助指导和教学、策划和讨论其他教师和同学所教的课程。在职教师培训机构提供的资格课程也有类似的国家标准。

进入这个行业所需要的资格：

由高等教育机构颁发的文凭或证书、初级教师培训机构的证书。在特殊幼儿园、学校和综合学校工作的教师，必须持有相应级别的资格证书和与特定残疾类型相对应的资格证书。

所要求的资格水平取决于教师打算任教的教育水平。从 2017—2018 学年开始，学前教育机构和小学的教师必须持有本科或初级教师培训机构的文凭。所有高等学校都要求有硕士学位。目前，拥有学士或硕士学位的教师占学校院校系统教师总数的 98%。

在职培训：

在职教师培训或持续专业发展（CPD）并非强制性的。然而根据立法，教师应不断扩大他们的知识和技能，职业晋升程序对教师的专业成就进行评估。

持续专业发展活动分为两类：

① 提升培训：教师可取得更高水平或额外资格的课程；

② 在职培训：作为已持有的正式资格的一部分，改善教师工作方法的各种活动（例如，教学方法或信息通信技术课程）。

高等院校提供非全日制学位课程和非学位研究生课程的进一步培训。教师根据已有的学历水平和个人需要选择学习领域或专业。在职培训主要由在职教师培训机构提供，但教师亦可选择修读不授予学位的研究生课程或其他高等院校的课程。

(二)服务条件

1. 就业

持有学士学位及教师资格的毕业生，会被视为所学专业的合格教师，教师由幼儿园园长或学校通过公开招聘程序聘用。教师专业的新入职人员，在与幼儿园或学校订立雇佣关系之日起获得见习教师职位。

教师晋升有四个步骤：实习教师、合同教师、任命教师、特许教师并授予优秀特许教师荣誉称号。教师的雇佣是根据合同或任命，这是一种基于法律保护的终身职位。教师的实习期为 21 个月。试用期后才能晋升为合同制教师，与合同制教师签订的合同是无限期的。公务员法例并没有涵盖根据聘任而聘用的委任及特许教师。所有教师在履行职责时，都享有法律的保护。幼儿园、学校的管理机构在教师的权利受到侵害时，有保护教师的义务。教师可根据法律规定的退休年龄退休，即女性 60 岁、男性 65 岁退休。然而，他们可以在达到法定退休年龄后继续服务。教师服务达到 30 年，其中担任特殊职务(教师、教育工作者、家庭教师、监察员)20 年的，根据其要求，在劳动关系终止后，可以领取退休金或者残疾人抚恤金。

2. 工作时间

教师的工作时间包括国家法律规定的总工作时间，即教学时间，以及在校的有效时间。每周总工作时间不得超过 40 小时，不得超过 5 个工作日。强制性教学任务包括上课时间和与学生直接接触的其他教育或相关活动。根据教育水平、机构类型和课程或活动类型的不同，每周面授课时间从 18 到 30 小时不等(每次 45 分钟)。例如，特殊幼儿园、小学、普通高中和相应的特殊学校的教师，以及职业高中理论课教师的学时为 18 小时；那些陪伴 6 岁以上儿童的幼儿教师和各类学校的实践职业培训教师学时应为 22 学时；幼儿园教师(与 6 岁儿童一起工作的老师除外)为 25 小时。

每周面授课 18 小时的教师工作量可能会增加到 27 小时。18 小时的工作量为全职教师的工资提供了基础。每周超过 18 小时的工作量教师可以获得加班费。教师在法定节假日和寒暑假享有带薪假。其他类型的假期包括：在校工作至少 7 年并持有健康状况证明的教师，带薪健康假最长为 1 年，带薪产假为 20 周，带薪育儿假为 32 周。

为全职教师提供数周的带薪培训假(连同其他相关福利)，教师参加义务教育课程、备考(一般为 21 天)、撰写硕士论文(一般为 21 天)，可享受培训假及相关福利。此外，教师可因研究、艺术或教育活动获得带薪或无薪假，并可因其他重要原因获得无薪假。

3. 工资

教师的工资包括基本工资，一些津贴，包括与工龄、工作和服务相关的津贴，以及加班费和特别补领工时的工资，还有在雇佣关系中规定的奖励和其他福利。此外，现在还有对优秀教师的津贴，向具有至少 5 年工作经验并被评为优秀教师的特许教师发放。该津贴相当于教师基本工资的 16%。基本工资取决于教师的岗位、任职资格和教学工作量。津贴的数额取决于服务年限、教学质量、额外任务、所担任的职位以及困难或危险的工作条件。教师的平均薪资应等于每年为公营部门雇员制定的参考款额的百分比：实习教师的聘用比例为 100%；合约教师聘用比例为 111%；教师聘任比例为 144%；特许教师的聘用比例为 184%。

4. 教学自主权

在国家核心课程所定的总框架内，教师可以自由地单独或与同事合作编制课程和大纲，或从其他作者编制的课程和大纲中选择一个(例如市场上现有的)，并在必要时加以调整。一门课程应由一所学校的校长在与教学委员会协商后批准，教师可以选择国家教育部长批准的教科书或选择使用其他教学资料或练习材料(例如从互联网下载或复制老师的幻灯片、演讲、笔记、摘录文献等)。教师也有选择教学方法的权利。

(三)评估和晋升

该法案直到 2017—2018 学年结束仍在实施，它将教师绩效考核(作为内部质量保证的一项内容)与教师专业成就评估(与专业晋升有关)区分开来。在这两种情况下，由学校(幼儿园)的负责人进行评估，他们根据法律规定，在强制或选择的基础上咨询其他内部机构。教师如对考核结果不满，可向区域教育主管机构提出上诉。两次评估之间的时间不得少于一年。

所有老师都必须参加教学评估测试，申请晋升至第二专业的见习教师也需接受教师表现评核，侧重于教师在多大程度上完成了他们相关的工作和法定的任务。结果分为三个等级：优秀、及格和不及格。只有当教师申请晋升到更高的专业职位，并在所谓的试用期(即晋升前的工作时间)结束时，才会对其专业成就进行评估。该过程评估教师实施商定的专业发展计划的程度将会产生积极或消极的结果。如果在商量后给出“不合格”的结果，则终止与有关教师的雇佣关系。

新法案从 2018—2019 学年开始实施，将这两种评估纳入绩效考核。

以下情况将被强制评估：在试用期结束后晋升为聘任教师或特许教师；试用期届满(前一次晋升失败，需要再完成一次试用期的教师)评估。

根据法律规定，由(幼儿)学校校长向其他(幼儿)学校团体进行强制性或选择性的评估，有四种结果：优秀、非常好、好和不好。教师可提出上诉。

	截至 2017—2018 年度	起始于 2018—2019 年度
提升	所有人：完成试用期，对试用期内的专业成就给予积极评价	所有人：试用期结束，在教师评估中获得至少“良好”的成绩
从实习教师到合同制教师	经面试合格后由委员会批准的晋升申请	通过考试委员会的考试
从合同制教师到指定教师	通过考试委员会的考试	通过考试委员会的考试
从聘请教师到特约教师	经评审专业成就及面试后，由认证委员会批准的申请	经专业成绩考核及面试后，由资格认证委员会批准

二、学术型教师

在国家立法中，学术人员分为研究和教学人员、研究人员、有资质的图书馆员和负责科学文献和资料集的人员。法律上只允许研究和教学人员以及教学人员从事教学工作。

(一)初期培训，要求的资格以及在职培训

在职培训与学校教育教师不同的是，法律中没有对学术人员的初期培训或培训过程进行规定，也没有要求教师具备成为学术教师的教学资格。未来学术型教师的初期培训方法由法律对学术人员职位的资格要求决定。

职 位		要 求
研究和教学人员	教授	教授
	副教授	教授或博士后学位
	客座教授	教授或博士后学位
	助理教授	至少为博士学位
	助理	硕士学位及更高
教职人员	高级讲师 讲师 外语教师及辅导员	硕士及以上学历

根据法律规定，副教授或客座教授的职务，教授也可以由在波兰或国外取得博士学位、在国外领导研究团队至少五年、有重大研究成果的学者担任。高等院校章程可为研究及教学及教职员制定额外准则，高等院校在其内部规例中为员工的持续专业发展做出详细安排。

（二）服务条件

公立高等院校的学术型教师，若其工作时间超过法定工作时间的 50% 时，采用公开竞争的方式聘任。

私立高等院校的招聘基于其内部规定。与学校教育教师一样，学术型教师的聘任也是基于一定期限或不确定期限的雇佣合同，或者是任命。后者是一种受到法律保护的终身职位，只适用于拥有教授职称并全职受聘于某一高等院校的学术型教师。

公立高等院校的学术型教师的工作时间由其教学、研究和组织职责决定。教学活动的种类由安监会的教务委员会确定，教师的详细职务描述及相应的工作量则由一个基本组织单位的首长决定。根据国家立法，每年的教学工作量为：研究和教学人员 120 至 240 小时；除语言教师及辅导员外，教职人员的工作时数为 240 至 360 小时；语言教师、辅导员及同等职位的教师工作时数为 300 至 540 小时。

私立高等院校可为其教职人员制定不同的教学工作量。

学术型教师每年享有 36 个工作日的假期。兼职教师的假期津贴按雇佣方式的不同而减少。正在撰写博士论文的教师，享有最长 3 个月的带薪休假。经校长同意，教师可休无薪年假。持有博士以上学位的人员，每 7 年可享受 1 年带薪休假，在校外从事科学研究。专职教师工作满 5 年以上，有医疗证明的，可以享受带薪健康假（在整个聘期内累计最长休假 1 年）。除了为 1948 年 12 月 31 日前出生的学术型教师做出特别退休安排外，教师可根据法律规定的退休年龄退休，即女性 60 岁、男性 65 岁退休，但通常他们会延迟退休。教师若已达到退休年龄但想返聘，可以不用经过竞争程序。

高校教师的工资由基本工资、所担任的职位及津贴决定，包括与工作有关的津贴、工作年限津贴及特别津贴（适用于较长范围的工作、额外任务、工作条件等）。教师在参与学生招生委员会、监督学生实习、监督和审查授予博士或博士后学位或教授头衔的过程中，还可以获得额外报酬。国家立法规定了基本工资、津贴、加班费和奖金的最低月工资。

私立高等院校教师的薪资由其内部规定。工资水平通常由个别教师与学校的创始人协商确定。

（三）评核及晋升

根据法律规定，教师的工作表现评估应由高等教育局章程所规定的，最少每 4 年进行一次。具体内容包括履行法定职责、教学职责以及教师遵守知识产权和工业产权。一次考核结果不合格，校长可以暂停与任课教师的聘用关系；连续两次考核结果为不合格，可以终止与任课教师的聘用关系。

第十二章 质量保证

一、学校教育

学校教育中外部和内部质量保证是核心，包括公立和私立的幼儿园和其他学前教育机构、学校和其他教育机构。该体系由评价、法律合规审计、支持和监督四个要素组成。以质量改进为目标的机构评估是主要的质量保证机制。检查的目的是考察这些机构的活动是否符合法规，包括各种活动，例如旨在改善绩效的工作人员培训。作为监督的一部分，收集和分析资料，以确保各机构适当地执行其任务。

外部教学监督是国家教育部长和其他主管部长以及区域教育局(区域教育机构)负责人的责任，由区域教育机构监督员对各机构进行外部评价。内部教育监督由机构(幼儿园、学校或其他机构)的负责人与其他管理人员以及参与内部评估的教师合作进行。

另外两个要素可以被认为是质量保证的一部分，即教师考核和学生参加的外部考试。

评估

1. 外部评估是根据国家教育政策的优先次序和每年由国家教育部长制订的教学监督计划进行的，并由各区域教育机构负责人在此基础上编制详细的计划。虽然该立法没有规定外部评估的频率，但每学年都有义务进行，评估的范围和比例每年有所不同。

评估是根据立法规定的要求进行的(见下表)，每一项要求都对要处理的问题做出更详细的说明。就范围而言，全面评估(涵盖所有要求)和特定问题评估(侧重于选定的要求)是有区别的。教育部长和 REAs 负责人通过的年度教学督导计划处理全面和具体问题的评估。若评估的结果成绩不佳，则机构必须执行一项改进的方案。如果该方案没有考虑到评估结果，或者没有在规定的时间范围内执行，REAs 的负责人向其管理机构提交一项动议，解雇该机构的负责人，该动议对管理机构具有约束力。

2. 内部评估是根据每年的教学督导计划进行的，该计划由学院院长制订，并提交给教学委员会。内部评估每年必须进行，但其范围可能因某一特定机构的需要而有所不同。该立法没有预先界定内部评估的范围或程序。评估的重点应放在与某一机构的活动有关的问题上。立法中提到的唯一工具是观察。在实践中，观察可能包括课堂和其他活动，如教师与家长的会议。

学校教育系统的外部评估要求（标准）

序号	幼儿园	学校及其他机构
1	为促进儿童学习，创办支持儿童发展和教育的程序	组织教育程序是为了加强学习
2	儿童获得国家辅导班规定的知识和技能	学生获得国家核心课程规定的知识和技能
3	孩子们很活跃	学生们很活跃
4	塑造社会态度，尊重社会规范	塑造社会态度，尊重社会规范。
5	考虑到学生的个人情况，支持他们的发展	考虑到学生的个人情况，支持他们的发展
6	父母是合作伙伴	家长是的合作伙伴
7	与当地社区相互合作发展	与当地社区合作，共同发展
8	在规划工作时，会考虑外部和内部评估的结果	在组织其教育程序时，会考虑来自外部考试成绩分析以及其他外部和内部评估的结果
9	管理是利于其发展的	管理是利于其发展的

二、高等教育

（一）外部评估

包括以下过程：

机构初始认证：对申请的评估，以及授予、许可执照以建立私立高等教育机构；

初期课程认证：评估申请和授予在任何研究领域建立和提供计划的授权，以及对护理和助产学专业新课程的额外认证；

定期课程认证：所有学习专业的课程认证，以及护理和助产学专业的课程认证。

对私立高等院校来说，机构的初始认证是强制性的。公立和私立高等院校均需获得初步课程评审资格，以便在超出其课程自主范围的情况下提供任何专业的课程，以及护理和助产学专业的所有新课程。公立和私立高等院校的所有课程都必须获得定期的课程认证，护理和助产学课程也必须获得额外的专业认证。初期和定期的课程认可只包括第一、第二和长期周期的课程，没有国家安排认可第三周期课程。

科学和高等教育以及波兰认证委员会(PAC)共同负责机构初始认证以及所有研究领域课程的初始和定期认证。部长为私立高等教育机构颁发和撤销经营许可证。波兰认证委员会进行初步机构和课程认证，为部长的决定提供基础，并定期进行课程评审和做出有关的认可决定。护理和助产学课程的初期和定期评审工作涉及资助和撤回评审工作卫生部长、世卫组织以及国家护理和助产学学校评审委员会(NACSN&M)，后者作为评审过程的一部分进行评估。PAC是欧洲高等教育质量保证协会(ENQA)的正式成员，并被纳入欧洲质量保证体系。

首次院校评审及课程评审通常是院校评审及课程评审的一部分，因为拟成立的私立高等院校亦会申请授权提供(a)项课程。因此，PAC所采用的准则包括计划、组织安排及实施。科学和高等教育部长提供或拒绝经营许可证以及课程的授权。对于医学、牙科和药学领域的课程，部长也有义务咨询卫生部长，因为这些是受管制职业的课程。经营许可证的签发期限是不确定的。所有新认可的课程均需定期举行，按PAC计划进行认证。

国家护理和助产学委员会评估护理和助产学专业的新课程，以及评估高等教育系统的组织单位在多大程度上符合立法规定的国家标准。评估的标准与定期课程认可的标准相同(见下文)。由卫生部长批准的认证有效期为3年或5年，视评估结果而定。

所有课程均由公共政策咨询委员会根据八项准则进行评估，在适当情况下，反映以学术和以实际研究为导向的课程的特殊性。

审核周期取决于前一次评估的结果。PAC给出了四个质量等级：优秀、合格、有条件和不合格。除非有特殊情况，若一门课程被评定为优秀须在8年后重新评估；如果被评定为不合格，则须在6年后重新评估。如果评估结果是不合格的，科学和高等教育部长可以暂停或撤销提供特定项目的授权。

护理和助产学专业的课程评审工作每3年或5年进行一次，视先前评审决定的有效期而定。它们以四组标准为基础，综合了课程、师资、学习和教学设施以及内部质量保证的国家标准。

定期课程评审准则

序号	重学术研究项目	重实际研究项目
1	教育的概念及其与使命的一致性；教育理念战略；与课程有关的研究；学习成果的确认。	教育概念及其与高等教育的使命和战略的一致性（教育概念；相关领域的开发工作；学习成果的确认）。
2	课程及取得预期学习成果的潜力（内容；教学方法；取得预期学习成果的成效；招生、升学、毕业；学习成果的确认）。	课程和实现预期学习的潜力、结果（内容；教学方法；取得预期学习成果的成效；招生、升学、毕业；学习成果的确认）。
3	内部质量保证体系的有效性（方案设计、批准、监测和审查；公示）。	内部质量保证体系的有效性（方案设计、批准、监测和审查；公示）。
4	参与教学的人员（人数、研究成果和教学情况能力；课程作业；员工的发展）。	从事教学工作的人员（人数、研究成果、在高等教育以外获取的专业经验和教学能力；课程作业；员工的发展）。
5	在教育过程中与社会经济环境合作。	在教育过程中与社会经济环境合作。
6	教育过程中的国际化教育。	教育过程中的国际化教育。
7	教育过程中使用的基础设施（教学和研究机构；图书馆、资讯及教学资源；基础设施建设）。	教育过程中使用的基础设施（教学设施和训练设施；图书馆、资讯及教学；基础设施建设）。
8	学生在学习和实现学习成果过程中的服务和支持学习成果（服务和支持的有效性；激励学生要取得学习成果；发展及完善支持及奖励制度）。	学生在学习成果和实现过程中的服务和支持（服务和支持的有效性；激励学生要取得学习成果；发展及完善支持及奖励制度）。

（二）内部质量保证

该立法要求高等教育机构建立一个质量保证制度，定期评估和改善教学质量，特别注意社会经济环境的需要和对毕业生职业的监测。还规定了教师评估的一般规则。由个别高等教育院校在其内部规定中采纳，内部质量保证是外部评估的内容之一。

三、成人教育

如前所述，成人教育由成人学校和在非学校环境中培训成人的机构提供，非学校环境是学校教育制度的一部分，受学校教育立法的约束，由校外教育机构根据有关经济活动的立法进行经营。

1. 学校教育制度内的机构

学校教育制度内为成人学校和其他机构做出的外部和内部质量方案，与为青少年学校教育做出的安排相同。此外，在非学校环境中提供成人教育的机构(例如继续教育或实践培训中心)可以自愿申请由区域教育机构负责人颁发的认证。认可资格可授予有关机构，必须具备合格的人员，教学方法和完备的教学培训设施设备，评估工作由区域教育主管部门负责人指定的小组进行，小组成员包括区域教育主管部门负责人及有关外部机构或组织的代表组成。评审委员会主席会考虑评审报告和教学督导的结果，决定是否给予评审资格。如果提供者不再满足要求，且在区域教育主管部门负责人的指示下不能改进，则可以撤销认证。

2. 学校教育制度以外的机构

对于在学校教育制度以外的非学校环境中作为经济活动一部分提供成人教育的机构，没有质量保证要求。然而，就像学校教育制度中的机构一样，他们可以在自愿的基础上，申请由土地注册处处长批准的认可。所有的安排都是一样的，除了在做出评审决定时，评审处处长没有考虑教学督导的结果，因为没有对学校教育制度以外的机构进行督导。

第十三章　为国际学习者和教育工作者提供实用信息

一、受教育机会

非波兰国民的入学条件因个人的教育水平、原籍国情况等而有所不同。根据国家立法，除非全日制义务教育的年龄限制外，外国国民儿童和青年，不论其国籍，均可享有与波兰国民相同的条件下在公立机构接受学前教育和义务教育。

所有外国国民享有与波兰国民同样的学前教育和学校教育：

1. 享受国家财政补助的公立学前教育机构和小学、私立学前教育机构和小学。

2. 公立小学为符合义务教育年龄的儿童提供教育。

3. 为部分时间工作处在义务教育年龄的青少年提供公立小学后教育，直至年满18岁或完成学业。

对于在学校教育系统内提供的高等教育和成人教育，规定了与波兰国民享有同样权利的群体。包括欧洲联盟成员国的国民、欧洲自由贸易协会的成员国国民，获得永久居留权或长期欧盟居住证，以及有特定身份或权利的人，例如难民和临时或附属保护的个人。此外，在国际规定的情况下，外国国民也可以就读成人公立学校、大专学校、社会工作学院和其他公立机构，并参加职业资格课程。

其他外国国民可根据国际规定或波兰高等教育机构与国际机构之间的协定、科学和高等教育部长或另一主管部长的决定或高等教育机构校长的决定参加高等教育课程，他们可以：

1. 持有波兰政府奖学金；派遣机构提供的奖学金，波兰高等教育机构不收取波兰留学生学费；或波兰高等院校提供的奖学金；

2. 免费，但学生无权获得波兰学生所获得的财政支持；

3. 付费，成年学习者不享有与波兰国民相同的权利，他们可就读上述各类成人公立学校和机构，并参加职业资格课程，他们可以：

①获得国家教育部长、管理学校的机构或学校负责人颁发的奖学金；

②付费，凡收取学费或其他费用，则由管理学校的机构或高等院校自行决定费用的数额，并可全部或部分免除费用。

二、学习支持和其他服务

所有学前教育和学校教育的学生都有权在需要时获得学习支持。除了所有人都可以得到的，学校教育系统还向外国儿童和义务教育年龄的年轻人（以及在国外上学的波兰儿童）提供一些具体的支持和服务。根据需要，他们可以：

1. 参加预科班；
2. 参加额外的波兰语课程；
3. 参加涵盖所教科目的补习班；
4. 以适合其特定需要和能力的形式参加考试；
5. 学习原籍国的语言和文化课程。

学校可以为不懂波兰语或波兰语知识不足的义务教育学生开设预科班，使其接受主流教育课程；特别是由于危机或创伤（例如武装冲突或灾难）造成的语言沟通问题；因文化差异或学习环境的改变而有适应困难的。

教学以特定学校和年级实施的课程为基础，但方法要根据个人需要进行调整，以提高学习的效率。教师可以由一名讲学习者原籍国语言的助理提供支持。立法规定了每个年级每个小学必修课的最低学时数（从小学一年级到三年级的 20 个学时到改革后中学的 26 个小时），这包括每周 3 小时的波兰语学习。

如果学生对波兰语不了解或了解不足，无法参加主流课程，义务教育的学生有权参加免费的波兰语课程。课程以个人或团体形式进行。具体学时应根据学习者的需要进行调整，但每周不得低于 2 学时。

学生如需填补因课程差异而造成的知识空白，可选修补习班。在长达 12 个月的时间里，每星期有一个学时，个别上课或小组上课，作为学校科目的额外课程。

和波兰国民一样，外国学生也要参加考试。如果他们对波兰语言、文化和传统知识了解不足，并且在波兰上学时间很短，可以使用改编的试卷和辅助工具，如双语词典，并可以延长考试时间。

设在波兰的外国外交代表机构、领事馆或者特定国籍的文化教育协会，可以为接受全日制义务教育的外国人开设原籍国语言文化课程。寄宿学校免费提供场地和教育资源，每周上课时间不得超过 5 小时。

波兰法律没有提到在高等教育课程之后应向外国国民提供的任何具体类型的支

持。不过，波兰高等教育机构定期为国际学生提供一系列的支持和服务。这些课程包括波兰语课程、文化准备课程等；在实际事务上的支持（签证及居留相关手续、住宿等）；由学术导师指导一组国际学生，以及帮助个别国际学生的学术导师或伙伴。

三、资格认可

根据欧盟法律和国际公约，国家立法承认证书、文凭和学位。

（一）学校教育颁发的资格证书

根据国家立法，下列文件不需要由其他机构验证，可根据法律自动获得承认：

1. 欧盟成员国、欧洲经济共同体（EEA）和经济合作与发展组织（OECD）成员国颁发的高中毕业证书，并在授予国提供接受高等教育的机会；

2. 瑞士日内瓦国际文凭组织颁发的国际学士学位证书；

3. 欧洲学校根据 1994 年在卢森堡通过的《欧洲学校章程公约》颁发的欧洲学士学位证书；

4. 波兰签署的国际协议所涵盖的证书。

在其他情况下，证书和其他文件是由某一省的区域教育主管部门主管通过行政程序予以承认的。但是，如果学生打算在小学或中学（改革后）继续接受教育，则不需要外国承认的每一学年就读证明或毕业证书。申请人应直接与拟就读的学校校长联系。

关于国家相关规定和程序的详情，请浏览教育部网站；参阅最后一节中的链接。

（二）高等教育颁发的资格证书

高等教育资格是根据国际协定或通过国家立法规定的官方承认程序得到认可的。同其他国家一样，在以下方面也有区别：

学术认可：个人希望继续或开始学习，或使用学位；

专业认可：适用于希望从事某一专业的人士。

在没有相关国际协议的情况下，学术认可的机构是高等院校和研究机构的组织单位。认可过程由具有博士或博士后授予资格的高等院校或研究机构进行。

对于受监管和不受监管的职业有不同的专业认可程序。如果某一职业在波兰不受监管，雇主将决定是否认可该职业的外国资格，雇主可要求确认外国资格的同等性（这是根据国际协定或通过正式承认程序进行的）。

在波兰，受监管的职业包括护士、助产士、医生、牙科医生、药剂师、兽医和建筑师（在欧盟受到监管的职业）、律师和学校教师。在欧洲联盟内，专业资格的认可受第 2005/36/EC 指示及基于该指示的国家立法监管。由于专业学位课程是以欧盟法律为基础，如持证人向所在国有关当局提供学历证明，便可自动获得认可。诸如颁发给教师的资格证书属于一般认可制度。若资格的级别在所在国要求的级别之下时，即承认该资格，否则，所在国可能要求申请人进行为期三年的适应期或参加能力测验。对律师等职业资格的承认受具体立法的管辖。

外国国民可向波兰新闻中心寻求关于学术和专业认可的详细资料和咨询意见，波兰新闻中心设在波兰国家学术交流机构内，在欧洲新闻中心网络内进行运作(参见“参考链接”)。

四、支持国际学习交流的项目和其他倡议

来往于波兰的学习交流主要是在欧盟 Erasmus + 项目中进行的。该项目的所有计划均向欧盟成员国和若干非欧盟国家开放，包括马其顿共和国、冰岛、列支敦士登、挪威和土耳其。一些计划还涉及世界其他地区的国家。该项目为未成年人、学生和学习者、学校和学术教师、培训人员和其他教育工作人员提供流动机会。高等教育的学生可以在学习和在另一个国家的实习之间做出选择(两者都是短期或学分流动的一部分，而不是长期或学位流动，即学生通过完整的课程获得学位)。该项目由欧盟一级的教育、视听和文化执行机构以及作为波兰国家 Erasmus + 机构的教育系统发展基金会管理。

此外，还有由波兰政府和其他国家或国际组织资助的多边、双边和国家联合项目，专门针对高等教育学生和学术人员。面向国际学生和教育工作人员的主要实用资料多边方案是中欧大学研究交流方案(CEEPUS)和国际维谢格拉德基金。前者向中欧和巴尔干半岛西部的高等教育学生和学术教师提供访问学习、学习期间和实习的奖学金。后者提供项目赠款和奖学金，以促进捷克共和国、斯洛伐克、波兰和匈牙利，特别是巴尔干西部和东部伙伴关系之间的合作。

即将出国的波兰学生(名)	即将到来的国际学生(短期或学分流动)(名)	外派人员流动(名)	外来人员流动(作为欧盟 1998—1999 年至 2014—2015 年间计划的一部分)(名)
171 888	81 232	47 304	23 580

波兰与包括欧盟成员国、亚美尼亚、哈萨克斯坦、乌克兰、马其顿共和国、土耳其、中国、蒙古、日本、越南、以色列和埃及在内的 35 个国家签署了双边合作协

议，包括基于奖学金的交流和资格认证。作为协议的一部分，波兰政府和合作伙伴国家向学术人员和学生提供一系列奖学金。完整的协议清单可在国家学术交流机构的网站上查阅(参见“参考链接”)。2016—2017 年，波兰全日制国际学生已达到6.5 万人左右。

双边方案包括由波兰科学和高等教育部和美国国务院资助的“富布赖特项目”，向美国和波兰学生和毕业生提供奖学金，供他们在美国或波兰学习和研究，以及由波美自由基金会(Polish - American Freedom Foundation)资助的“莱恩科克兰德(Lane Kirkland)奖学金项目”，该项目主要向来自苏联国家的学生提供在波兰高等院校学习的奖学金。

另外还有两项主要的国家奖学金项目，分别是针对来自东方伙伴关系国家学生的“Stefan Banach 奖学金项目”，以及针对来自非洲和亚洲国家学生的“Ignacy Lukasiewicz 奖学金项目”。作为对撒哈拉以南非洲发展援助的一部分，学生可以免费在波兰攻读学位。

为了鼓励高等教育国际化，波兰议会最近通过了一项法律，效仿德国的国际交流中心(简称 DAAD)、荷兰高等教育国际交流协会(简称 NUFFI)C 和法国高等教育署(简称 Campus France)，设立了国家学术交流机构。任务是制定并落实各项安排和财政政策，以支援高等教育的学生和教职员流动；推行计划，以提高课程的质量；执行促进波兰研究人员回国的方案；开展有关波兰高等教育的信息和宣传活动；在国外推广波兰语的学习和知识。

有兴趣在波兰学习的国际学生可登录访问多语言的“波兰行 Go Poland”网站(参见“参考链接”)。它被确定为“开始，波兰！”活动的一部分，由科学和高等教育部、教育系统发展基金会和波兰学术学校校长会议联合举办，现由国家学术交流署管理。它提供有关高等教育体制的资料，包括学费和奖学金、入学和在波兰生活的实际资料、出版物和宣传材料等。也有按领域、学习水平和教学语言分类的课程搜索引擎。

参考链接

(一)机构

教育部：en. men. gov. pl

科学和高等教育部：www. nauka. gov. pl/en

科学及高等教育总理事会：www. rgnisw. nauka. gov. pl(波兰文)

波兰认证委员会：www. pka. edu. pl/en

教育体系发展基础：www. frse. org. pl en

波兰国家学术交流机构：nawa. gov. pl/en

波兰学术学校校长会议：www. krasp. org. pl en

高等教育专业院校校长会议：www. krzasp. pl/pl/index. php(波兰文)

波兰共和国学生议会：psrp. org. pl

全国博士生代表：krd. edu. pl(波兰文)

教育、视听及文化执行机构：eacea. ec. europa. eu / homepage_ en

学位及职衔委员会：www. ck. gov. pl(波兰文)

(二)资格认证

学校教育资格：

en. men. gov. pl/2015/10/30/recognition - of - foreign - school - certificates - anddiplomas - in - poland

高等教育资格，ENIC - NARIC 波兰：

www. nauka. gov. pl/en/recognition - of - foreign - qualifications